Karibisches Inselparadies voller Überraschungen

Die Dominikanische Republik ist hierzulande vor allem für ihre All-inclusive-Hotels bekannt. Ein solcher Urlaub birgt allerdings die Gefahr einer verpassten Chance: Er bringt einen um die Möglichkeit, ein faszinierendes und unglaublich vielseitiges Land zu entdecken, um die Gelegenheit, hilfsbereite und warmherzige Menschen kennenzulernen, und nicht zuletzt um die Chance, sich von unerwarteten Landschaften, kuriosen Alltagssituationen und einer hochgradig ansteckenden Lebensfreude überraschen zu lassen.

Abseits der Touristenhochburgen warten von Palmen gesäumte karibische Traumstrände, aber auch türkis schimmernde Wildflüsse und eindrucksvolle Wasserfälle auf Reisende. Sattgrüne Berglandschaften wollen ebenso entdeckt werden wie geheimnisvolle Höhlen.

In der kolonialen Altstadt von Santo Domingo (s. S. 15) kann man an jeder Ecke die reiche Geschichte des Landes aufsaugen, die von den indigenen Taínos (s. S. 40), der spanischen Kolonialmacht, Piraten, erbitterten Unabhängigkeitskämpfen und blutigen Diktaturen geprägt ist. Zahlreiche kleine Museen im ganzen Land bieten die Möglichkeit, noch tiefer in die Historie einzutauchen. Der Lohn dafür ist ein besseres Verständnis für eine komplexe Gesellschaft und ihre Kultur.

Mit Neugier und Abenteuerlust lässt sich die wahre Dominikanische Republik erleben. Dieser InselTrip wird Sie auf die Reise vorbereiten und Ihnen unterwegs dabei helfen, ihr ganz persönliches Inselparadies zu entdecken.

Der Autor

Timm Humpfer (geb. 1982), geboren und aufgewachsen in Stuttgart, kam 2003 zum ersten Mal als Backpacker in die Dominikanische Republik. Es folgten zwei weitere Reisen quer durch das Land und der Abschluss zum Hotelfachmann, bevor er 2006 auf die Insel zog und insgesamt sieben Jahre in Santo Domingo und Santiago 28 lebte. Während dieser Zeit entdeckte er seine Leidenschaft für die Berge und die Fotografie. Seit seiner Rückkehr nach Deutschland lebt er in der Nähe des Naturparks Schönbuch südlich von Stuttgart und arbeitet als freier Fotograf und Autor. Er verfasste mehrere Wanderführer und zahlreiche Reportagen, die in bekannten Bergmagazinen veröffentlicht wurden. Sein Archiv bei einer renommierten deutschen Bildagentur umfasst bereits ca. 10.000 Aufnahmen, wobei seine Fotos aus der Dominikanischen Republik besonders gefragt sind und auch international veröffentlicht werden. Aktuelle Infos zu seinen Arbeiten und Reisen finden sich auf seiner Website www.timmhumpfer.com.

090id-th

Meine

001id-th

Zona Colonial in Santo Domingo [S. 144]

Die lebendige Altstadt von Santo Domingo steckt voller Geschichte. Von der UNESCO zum Weltkulturerbe erklärt, finden sich hier architektonische Spuren aus der Kolonialzeit. Besucher können sich an einladenden Restaurants und Bars sowie eleganten Boutiquehotels erfreuen (s. S. 15).

002id-th

Eco River House

Bereits die Anreise zu dieser versteckten Oase gleicht einem kleinen Abenteuer. In den grünen Hügeln über dem Río Chavón im Südosten der Insel gelegen, bietet die Anlage ein naturnahes, nachhaltiges Glamping-Erlebnis. Die herzlichen Gastgeber, das mit viel Liebe zubereitete Essen und die kleinen, erfrischenden Pools lassen den fehlenden Handyempfang schnell vergessen (s. S. 27).

003id-th

(12) Bayahibe [M7]

Das ehemalige Fischerdorf ist in den letzten Jahren merklich gewachsen, hat sich aber seinen ganz besonderen Charme bewahrt. Der Ort ist Ausgangspunkt für einen beliebten Bootsausflug zur Isla Saona (13) und für eine Wanderung zu der beeindruckenden, kaum bekannten Höhle Cueva del Puente im Nationalpark Cotubanamá. Die vielleicht schönsten Sonnenuntergänge der Insel sind inklusive (s. S. 28).

004id-th

(22) Balneario La Plaza [D8]

Ein Naturparadies, verborgen im dichten Bergwald der Sierra de Bahoruco, südlich von Barahona (20). Nach einer abenteuerlichen Anfahrt und einer kurzen, abwechslungsreichen Wanderung durch die Wald- und Flusslandschaft lädt eines der reizvollsten Naturschwimmbecken des Landes zu einem erfrischenden Bad im kristallklaren Wasser ein (s. S. 38).

Lieblingsorte

36 Pico Duarte [E4]

Mit 3101 m Höhe wartet im grünen Landesinneren das „Dach der Karibik", der höchste Gipfel der Antillen. Eine geführte Trekkingtour dauert zwei bis drei Tage. Zwar ist keine Bergerfahrung notwendig, allerdings sind Motivation und Ausdauer gefragt, um die 46 km und 2240 Höhenmeter zu bewältigen. Der Blick vom Gipfel auf das unbekannte Gesicht der Insel entschädigt für die Strapazen (s. S. 53).

005id-th

37 Constanza [F5]

Eine malerische Bergkulisse, ein Hochtal, überzogen mit Feldern, angenehm kühle Temperaturen – nicht umsonst wird die höchstgelegene Stadt der Antillen auch als „Schweiz der Karibik" bezeichnet. Nahe Ausflugsziele wie der Wasserfall Salto de Aguas Blancas 38 und der märchenhafte Nationalpark Valle Nuevo 39 versprechen ganz besondere Erlebnisse (s. S. 54).

006id-th

45 Cayo Arena [D1]

Die winzige Insel Cayo Arena, genau genommen eine Sandbank im Korallenriff, ist fast schon unwirklich schön. Rundherum fällt der feine Sandstrand flach in das kristallklare Wasser ab und wirkt dabei wie eine riesige Badewanne mitten im Ozean. Beim Schnorcheln lassen sich unzählige bunte Fische beobachten. Die Atmosphäre ist so angenehm, dass man gar nicht mehr weg möchte (s. S. 62).

007id-th

62 Playa El Valle [K3]

Traumstrände gibt es viele in der Dominikanischen Republik, aber an der Playa El Valle fühlt man sich beinahe wie ein Pirat in seinem Geheimversteck. Der lange Sandstrand wird von grünen Hügeln eingerahmt. Auf der einen Seite mündet ein Fluss ins Meer, auf der anderen warten bizarre Felsen, verwunschene Höhlen und eiskalte Naturpools (s. S. 81).

008id-th

Inhalt

Bewertung der Sehenswürdigkeiten

★★★ nicht verpassen
★★ besonders sehenswert
★ wichtig für speziell interessierte Besucher

Planquadrat im Kartenmaterial

[A1] Orte ohne diese Angabe liegen außerhalb unserer Karten. Ihre Lage kann aber wie die aller Ortsmarken mithilfe der begleitenden Web-App angezeigt werden (s. Anhang).

Updates zum Buch

www.reise-know-how.de/inseltrip/domrep24

MEIN TIPP

Vor der Reise erledigen

- Das **E-Ticket** am besten bereits im Vorfeld ausfüllen (s. S. 115).
- Den **Reisepass** in Kopie und elektronisch (Dropbox, Handy o. Ä.) mitführen.

Von den Bewohnern aus unzähligen Steinen errichtet: das Santuario San Martín de Porres bei Baní 17 (009id-th)

Benutzungshinweise

Orientierungssystem

Die in den folgenden Kapiteln beschriebenen Attraktionen sind mit einer **fortlaufenden magentafarbenen Nummer** gekennzeichnet, die sich als Ortsmarke im Faltplan oder Detailplan wiederfindet. Steht die Nummer im Fließtext, verweist sie auf die Beschreibung dieser Attraktion.

Die Angabe in **eckigen Klammern** verweist auf das Planquadrat im Faltplan oder auf den Detailplan. Beispiele:
61 Playa Rincón ★★★ [L3]
3 Fortaleza Ozama ★★★ [S. 144]

Alle weiteren Points of Interest wie Unterkünfte, Restaurants oder Cafés sind mit einer Nummer in **spitzen Klammern** versehen. Anhand dieser eindeutigen Nummer können die Orte in unserer speziell aufbereiteten Web-App unter www.reise-know-how.de/inseltrip/domrep24 lokalisiert werden (s. S. 144). Beispiel:
- **Eco River House** €€-€€€ <32>

Beginnen die Points of Interest mit einem **farbigen Quadrat**, so sind sie zusätzlich in den Detailplänen eingezeichnet:
■ **La Bendita** € <20>

Der Schmetterling ...
... zeigt an, wo man besonders gut Natur erleben kann oder Angebote im Bereich des nachhaltigen Tourismus findet.

Kinder-Tipps
Das Symbol kennzeichnet Sehenswertes, Unterkünfte und Aktivitäten, an denen auch kleine Urlauber ihre Freude haben.

Vorwahlen

- **Dominikanische Republik:** 001
- **Deutschland:** 01149
- **Österreich:** 01143
- **Schweiz:** 01141

Abkürzungen und geografische Begriffe

- A/C – *air condition* (Klimaanlage)
- *Autopista* (Autobahn)
- Av. – *avenida* (Allee, größere Straße)
- C. – *calle* (Straße)
- Carr. – *carretera* (Landstraße)

Besonderheiten bei Adressangaben

Hausnummern sind eher ungeeignet zur Orientierung und vielerorts nicht vorhanden. Üblich ist die Angabe der **Kreuzung mit „Ecke"**, um anhand der Querstraße deutlich zu machen, wo die Zieladresse zu finden ist.

Preiskategorien

Unterkünfte
Die Preisangaben gelten für ein Doppelzimmer. In den meisten Fällen beinhaltet dies ein Frühstück. Unterkünfte geben ihre Preise meist in US$ an, vor allem in touristisch relevanten Regionen. Lediglich einfache Unterkünfte oder Hotels in abgelegenen Landesteilen listen diese in Landeswährung. Akzeptiert werden jedoch fast überall beide Währungen.

€ unter 50 US$
€€ 50–100 US$
€€€ 100–150 US$
€€€€ über 150 US$

Restaurants
Die Preise gelten für ein Hauptgericht ohne Getränke. Restaurants schreiben ihre Preise in der Regel in Landeswährung (RD$) aus. Hier gibt es nur seltene Ausnahmen in Restaurants, die höherpreisigen Hotels angeschlossen sind.

€ bis 500 RD$
€€ 500–1000 RD$
€€€ mehr als 1000 RD$

010id-th

Dominikanische Republik im Überblick

Santo Domingo

Die **Hauptstadt** des Inselstaats ist ein idealer Ausgangspunkt für die Erkundung des Eilands. In der **Zona Colonial** (s. S. 15), der kolonial geprägten Altstadt, gehören die Kathedrale Santa María la Menor ❶ und der Palast Alcázar de Colón ❺ zum Pflichtprogramm. Über die gesamte Altstadt verteilt finden sich kleine Boutiquehotels mit viel Charme. Mittlerweile hat sich die Zona Colonial zu einem der beliebtesten Viertel der Einheimischen entwickelt und entsprechend vielfältig ist das Angebot an **Restaurants, Cafés und Bars.**

Die Metropole bietet aber auch die Möglichkeit, dem Stadtleben vorübergehend zu entfliehen. Im **Nationalpark Los Tres Ojos** ❽ locken drei smaragdgrüne Lagunen in einer riesigen Kalksteinhöhle. Der **Jardín Botánico Nacional** ❾ ist die grüne Lunge der Stadt und lädt zu einem ausgedehnten Spaziergang inmitten der heimischen Flora ein.

Der Südosten

Im Südosten der Dominikanischen Republik gibt es eine **hervorragende touristische Infrastruktur:** Hier liegt der internationale **Flughafen Las Américas** (s. S. 112) und es bestehen gut ausgebaute Busverbindungen zu den wichtigen Küstenorten.

Vielerorts zielt man zwar eher auf ein All-inclusive-Publikum ab, etwa rund um **Punta Cana** [O6], aber auch Individualreisende finden lohnende Ziele. In den schier endlosen Zuckerrohrfeldern zwischen San Pedro de Macorís und La Romana liegt, wenige Meter von der Autovía del Este entfernt, die **Cueva de las Maravillas** ⓫, eine Tropfsteinhöhle mit mehr als 500 Höhlenmalereien aus der Zeit der Taínos (s. S. 40).

Die Industrie- und Hafenstadt **La Romana** (s. S. 26) ist mit ihren rund 150.000 Einwohnern das Wirtschaftszentrum im Südosten. Einen Katzensprung weiter schmiegt sich der kleine Ort **Bayahibe** ⓬ in eine traumhafte Bucht. Diese ist Ausgangspunkt für Bootstouren zur paradiesischen **Isla Saona** ⓭. Die Gegend um Bayahibe gilt zudem als eines der besten **Tauchgebiete** der Insel (s. S. 87).

Der Südwesten

Verlassen Besucher Santo Domingo in Richtung Südwesten, erwartet sie ein **touristisch kaum erschlossenes Gebiet.** Rund 25 km – oder ca. 40 Fahrminuten – von der Hauptstadt entfernt erinnert die Ruine des **Ingenio Boca de Nigua** ⓰ an die Bedeutung der Zuckerproduktion auf der Insel. Unweit der Stadt **Baní** ⓱ versprühen die **Dunas de Baní** ⓲ mit ihrer eindrucksvollen Dünenlandschaft einen Hauch von Namibia, während die mitunter in grellen Farben leuchtenden **Salinas de Baní** ⓳ ein lohnendes Fotomotiv darstellen.

Weiter im Süden bietet sich **Barahona** ⓴ als Ausgangspunkt für den Besuch des einzigartigen **Lago**

[<] Vorseite: Blick vom Pico Isabel de Torres auf Puerto Plata ㊻

[>] Bilderbuchstrand auf der vorgelagerten Insel Saona ⓭

054id-th

Enriquillo 23 an. Der Salzsee ist ein wichtiger Lebensraum für Nashornleguane, Spitzkrokodile und Flamingos. Die wilden Strände südlich von Barahona sind vor allem unter der Woche empfehlenswert, da sie am Wochenende bei den Einheimischen sehr gefragt sind.

Die fast noch unberührte Bucht **Bahía de las Águilas** 27 liegt ganz im Südwesten, nur knapp 30 km von der Grenze zu Haiti entfernt. Der schier endlose weiße Sandstrand ist der Inbegriff von Karibik und für manche der schönste Strand der Insel.

Das Landesinnere

Das Landesinnere gleicht einem riesigen **Abenteuerspielplatz** mit überraschenden Landschaften, reichlich Geschichte und einer ordentlichen Prise Kultur. **Santiago de los Caballeros** 28 – kurz Santiago – ist die zweitgrößte Stadt des Landes und ein lebendiges Wirtschaftszentrum. Ihr Wahrzeichen ist das imposante **Monumento a los Héroes de la Restauración** (s. S. 44). Liebhaber von Zigarren haben die Möglichkeit, einen Blick hinter die Kulissen der weltbekannten Tabakfabrik **La Aurora** 29 zu werfen. Das umliegende **Cibao-Tal** gilt als eines der besten Tabakanbaugebiete der Welt.

In den Bergen der **Zentralkordillere** wartet **Jarabacoa** 32 auf abenteuerhungrige Besucher. **Outdoor-Aktivitäten** wie Wildwasser-Rafting, Canyoning, Quadtouren und Gleitschirmfliegen kurbeln die Adrenalinproduktion an (s. S. 51). Nicht weit entfernt, in **La Ciénaga de Manabao** [E4], startet die Trekkingtour auf das „Dach der Karibik“. Mit seinen 3101 m überragt der **Pico Duarte** 36 alle Gipfel der Antillen.

In einem fruchtbaren Hochtal auf über 1000 m thronend, ist **Constanza** 37 die höchstgelegene und zugleich kühlste Stadt der Karibik. Im grünen Gebirgszug der **Cordillera Septentrional**, der das Cibao-Tal von der Nordküste trennt, locken **Wildflüsse** wie der Río Damajagua und naturnahe **Ecolodges** wie die in Tubagua (s. S. 58).

Die Nordküste

Die Nordküste verläuft vom in karge, felsige Landschaft gebetteten **Montecristi** 42 im Westen bis kurz vor die Halbinsel Samaná im Osten. Ein Geheimtipp für entspannte Strandtage ist **Punta Rucia** 44. Hier stechen die Boote und Katamarane in See, um zur winzigen **Cayo Arena** 45 zu schippern, einer Sandbank inmitten eines Korallenriffs. Dieses Paradies ist allerdings längst nicht mehr geheim.

Puerto Plata 46 ist die bedeutendste Stadt im Norden und der nahe gelegene **Flughafen** (s. S. 112) macht es zu einem idealen Ausgangspunkt für Erkundungen dieses Landstrichs. Zwar sind die Außenbezirke im Westen und Osten der Stadt mit großen Hotelanlagen auf Pauschalurlauber eingestellt, aber der historische Ortskern hat Individualreisenden einiges zu bieten.

056id-th

Über **Sosúa** [G1] geht es weiter nach **Cabarete** 49, wo ein auffällig junges, hippes Publikum zu Gast ist. Das **Kitesurfmekka** ist auch für sein Nachtleben bekannt.

Zwischen **Río San Juan** 50 und **Cabrera** 52 steckt der Tourismus noch in den Kinderschuhen, was zwar verwunderlich, aber auch angenehm ist. Malerische Strände, türkisblau leuchtende Binnenseen wie die **Laguna Gri-Gri** 51 und die **Laguna Dudú** 54 sowie der Wasserfall **El Saltadero** 53 wollen hier entdeckt werden.

Samaná und Nationalpark Los Haitises

In der Aussage, die **Halbinsel Samaná** sei wie die „Dominikanische Republik im Miniaturformat", steckt viel Wahres. Auf einer Fläche von nicht einmal 900 km² finden sich kaum besuchte Badebuchten, imposante Wasserfälle, verwunschene Höhlen, bewaldete Berge, einladende Ecolodges, aber auch Stadtleben und reichlich Ausgehmöglichkeiten.

Der Hauptort **Santa Bárbara de Samaná** 56 liegt direkt an der Bucht von Samaná, wo sich jedes Jahr zwischen Januar und März mehr als 2000 **Buckelwale** versammeln (s. S. 75). Ein Besuch auf der „Bacardi-Insel" **Cayo Levantado** 57 ist hingegen ganzjährig möglich. Mit einer kleinen Fähre kann man außerdem nach **Sabana de la Mar** [K4] übersetzen, das am Rande des sehenswerten **Parque Nacional Los Haitises** 58 liegt. Dieser lässt sich etwa im Rahmen einer geführten Boots- oder Kajaktour erkunden.

Das außergewöhnliche Mundo King Art Museum 48 in Sosúa

014id-th

Von Santa Bárbara de Samaná 56 mit dem „mototaxi" zu Ausflugszielen

Auf dem Landweg gelangt man vom Hauptort in knapp 30 Minuten zum pittoresken Strand **Playa El Valle** 62. Wer die Einsamkeit sucht: Die abgelegenen Strände **Playa Ermitaño** 63 und **Playa Onda** sind nur eine kurze Bootsfahrt entfernt. Im Nordosten der Halbinsel liegt das kleine Dorf **Las Galeras** 59, das eine angenehm entspannte Stimmung versprüht und ebenfalls von einigen paradiesischen Stränden flankiert wird. Wer lieber die Unterwasserwelt erkundet, der kommt auf Samaná beim **Tauchen oder Schnorcheln** auf seine Kosten.

Vorbei an der kleinen Ortschaft **El Limón** [K3] und ihrem bekannten Wasserfall, dem **Salto El Limón** 64, gelangt man nach **Las Terrenas** 65. Der charmante Küstenort wirkt fast mediterran, was nicht zuletzt am Einfluss der französisch-italienischen Residenten liegt. Nirgendwo sonst auf Samaná ist das Angebot an Restaurants, Cafés und Bars so üppig, viele davon sind direkt am Meer gelegen.

Wie die Insel erkunden?

Der **Mietwagen** (s. S. 114) ist zwar grundsätzlich eine Option, allerdings sollten sich nur sehr routinierte und nervenstarke Autofahrer auf eigene Faust in den Straßenverkehr wagen. Am ehesten sind hierfür der Südosten und die Nordküste zwischen Puerto Plata 46 und Cabrera 52 geeignet, da die Hauptstraßen hier in vergleichsweise gutem Zustand sind.

Der **öffentliche Busverkehr** (s. S. 129) ist auf den Hauptstrecken sehr gut ausgebaut und mit auch in Europa üblichen Fernbussen vergleichbar. Die großen und bequemen Busse fahren zuverlässig nach festem Fahrplan, kleine Verspätungen sind üblich. Der bekannteste Anbieter vor Ort ist **Caribe Tours**, der unzählige Ziele ansteuert. Je weiter man von den Hauptstrecken abweicht, sprich in abgelegene Orte weiterreist, desto kleiner werden die Busse und desto unregelmäßiger die Abfahrtszeiten. **Kleinbusse** mit einer Kapazität von 12 bis 30 Passagieren werden *guaguas* (s. S. 130) genannt. Oft fahren diese Busse erst dann ab, wenn genügend Passagiere an Bord sind.

Wo keine Busse verkehren, besteht die Möglichkeit, mit dem **Taxi** – allerdings nur in Städten – oder dem *motoconcho* genannten **Motorradtaxi** (beide s. S. 131) weiterzureisen. Letztere verkehren vor allem in ländlichen Regionen.

Außerdem findet man im ganzen Land zuverlässige Anbieter für **organisierte Touren**, die dabei helfen, auch abgelegene, verkehrstechnisch kaum erschlossene Attraktionen zu erreichen (s. S. 127).

Inselsteckbrief

- **Lage:** Die Dominikanische Republik liegt auf der Insel Hispaniola in der Karibik. Diese gehört zu den Großen Antillen zwischen dem Atlantik im Norden und dem Karibischen Meer im Süden. Der westliche Inselbereich wird vom Nachbarstaat Haiti eingenommen.
- **Fläche:** 48.442 km², vergleichbar mit dem Bundesland Niedersachsen
- **Küstenlänge:** 1600 km
- **Hauptstadt:** Santo Domingo mit 3,3 Mio. Einwohnern
- **Einwohnerzahl:** 11,3 Mio. Menschen (Stand 2023)
- **Höchster Berg:** Pico Duarte 36 mit 3101 m, gleichzeitig höchster Gipfel der Karibik
- **Längster Fluss:** Río Yaque del Norte mit 296 km (s. S. 104)
- **Religion:** ca. 75 % römisch-katholisch, 21 % evangelisch, 4 % sonstige Religionen
- **Landessprache:** Spanisch
- **Durchschnittsalter:** 27,9 Jahre (Stand 2020)
- **Staatsform:** Präsidentielle Republik
- **Wirtschaft:** Der wichtigste Wirtschaftszweig ist der Tourismus. Mit über 8 Mio. Besuchern (Stand 2022) ist die Dominikanische Republik die meistbereiste Region der Karibik. Weitere Einkommensquellen sind die industrielle Produktion (v. a. in Freihandelszonen) und die Landwirtschaft.
- **Währung:** Dominikanischer Peso (DOP oder RD$)
- **Flagge:** Die Flagge der Dominikanischen Republik zeigt die Farben Rot, Blau und Weiß und in der Mitte das Staatswappen von 1844. Entworfen wurde die Flagge von Landesvater Juan Pablo Duarte (s. S. 110). Übrigens: Sie ist die einzige weltweit, auf der die Bibel abgebildet ist.
- **Wappen:** Auf dem blauen Band oben finden sich die Begriffe Gott, Vaterland und Freiheit. Der Lorbeerzweig links steht für Unsterblichkeit, das Palmblatt rechts für Freiheit. Im Zentrum repräsentiert die Bibel den Glauben.

Im Panteón de la Patria (s. S. 20) ruhen die Nationalhelden des Landes

013id-th

Santo Domingo

Santo Domingo [I6–7] ist die Hauptstadt der Dominikanischen Republik und gleichzeitig die größte Stadt der Antillen. Das wirtschaftliche und politische Zentrum des Landes liegt im Inselsüden an der Karibikküste und ist in den letzten Jahrzehnten bemerkenswert gewachsen.

Die Stadt besteht aus dem ursprünglichen **Distrito Nacional** im Stadtzentrum und den **Außenbezirken** Santo Domingo Este, Santo Domingo Oeste und Santo Domingo Norte. Die schicken Stadtviertel wie Bella Vista, Piantini und Naco unterscheiden sich kaum von modernen Großstädten in Europa: Hier reihen sich teure Restaurants, große Einkaufszentren, exklusive Boutiquen und imposante Wolkenkratzer aneinander. Für Besucher ist in erster Linie die Altstadt interessant, die **Zona Colonial** genannt wird. Sie erstreckt sich westlich des Flusses **Río Ozama.**

Santo Domingo de Guzmán, wie die Metropole vollständig heißt, war die **erste Hauptstadt der Neuen Welt.** Folglich bietet sie auch eine ganze Reihe an „Erstlingen“ auf dem amerikanischen Kontinent: die erste Kathedrale 1, die erste Universität, das erste Krankenhaus und die erste Kopfsteinpflasterstraße, um nur einige zu nennen.

Östlich des Stadtzentrums, in der Nähe des **Flughafens** (s. S. 112), erstreckt sich der Unterwasser-Nationalpark **Parque Nacional Submarino La Caleta** [J7], der sich zum **Tauchen und Schnorcheln** anbietet.

Zona Colonial (Altstadt)

Die Altstadt, bekannt als Zona Colonial oder Ciudad Colonial, ist ein riesiges Freilichtmuseum, voller Leben und doch angenehm entspannt. Ihre Erkundung sollte nicht zu sehr geplant werden – am besten lässt man sich einfach treiben und hält dabei Augen und Ohren offen.

Im Jahr 1496 von **Bartolomé Colón,** dem Bruder von Christoph Kolumbus, gegründet und 1990 zum **UNESCO-Weltkulturerbe** erklärt – in der Altstadt von Santo Domingo hat nahezu jeder Stein eine bewegte Vergangenheit.

Entspannte Straßenszene vor dem Museo de las Casas Reales 4

016id-th

Die **Calle El Conde** zieht sich vom **Parque Independencia** bis zum Ufer des **Río Ozama** hinunter und ist die lebendige „Hauptschlagader" der Zona Colonial, aber auch in den engen Seitenstraßen gibt es einiges zu entdecken.

Überall finden sich gute **Restaurants** und gemütliche Cafés, von deren Terrassen sich das muntere Treiben beobachten lässt. Spannende **Museen** warten auf neugierige Besucher, kleine **Parks** laden zu Pausen ein. Der **Malecón**, wie die breiten Uferpromenaden im ganzen Land heißen, beginnt ebenfalls in der Zona Colonial und zieht sich von dort stadtauswärts.

› https://zonacolonial.org (nur auf Spanisch)

⌃ *Die Kathedrale Santa María la Menor und der Parque Colón aus der Vogelperspektive*

1 Catedral Santa María la Menor ★★★ [S. 144]

Die „Primada de América", die erste Kathedrale der Neuen Welt, ist eines der historischen Highlights der Stadt.

Papst Julius II. gab die Kathedrale bereits 1504 in Auftrag. Der Bau begann allerdings erst Jahre später, nämlich 1512. Obwohl sie im Jahr 1523 eigentlich fertiggestellt war, wurden die Arbeiten bis zur Weihe im Jahr 1541 kontinuierlich fortgesetzt. Während der **Belagerung Santo Domingos durch Francis Drake** im Jahr 1586 wurde die Kathedrale zum **Hauptquartier** des Freibeuters und somit vor der Zerstörung bewahrt. Papst Benedikt XV. verlieh ihr 1920 den Titel einer **Basilika minor.** Papst Johannes Paul II. besuchte sie insgesamt drei Mal (1979, 1984 und 1992). Die Kathedrale wird von der Oberschicht häufig für private Gottesdienste im Rahmen von Hochzeiten und Trauerfeiern genutzt.

Erbaut ist die Kathedrale größtenteils im **gotischen Stil.** Sie verfügt über jeweils sechs Seitenkapellen an beiden Flanken. Abgesehen vom prunkvollen Hauptaltar lassen sich Grablegen, Gemälde und Altare bestaunen. Eine **Schatzkammer** bietet eine beeindruckende **Kunstsammlung**, die Holzschnitzereien, Grabmonumente und Schmuckstücke beinhaltet.

› Parque Colón/C. El Conde, Zutritt über C. Isabel La Católica, Tel. 8096823848, https://catedralprimadadeamerica.org, Mo.–Sa. 9–16 Uhr, während privater Gottesdienste geschlossen, Eintritt: 100 RD$ (inkl. Audioguide)

2 The Colonial Gate 4D Cinema ★ [S. 144]

Das kleine **Kino** verspricht ein besonderes Filmerlebnis: Wackelnde Sitze, Rauchschwaden und herabrieselnde Wassertropfen versetzen die Zuschauer, die eine 3-D-Brille tragen, mitten hinein in das Geschehen. Der oder die **Kurzfilme** (auch als Dreierpaket buchbar) können individuell ausgewählt werden. Der Streifen über die **Belagerung der Stadt durch Sir Francis Drake** sollte aber auf jeden Fall dabei sein.

› C. Isabel La Católica 52, Tel. 8096824829, www.thecolonialgate.com, Di.–So. 10–19.30 Uhr, Eintritt: 275 RD$ (1 Kurzfilm) oder 400 RD$ (3 Kurzfilme)

3 Fortaleza Ozama ★★ [S. 144]

Die alte **Festungsanlage** am **Ufer des Río Ozama** ist einer der wenigen bis heute erhaltenen Abschnitte der ehemaligen Stadtbefestigung. Sie gilt als das älteste militärische Bauwerk europäischen Ursprungs in der Neuen Welt. Der Bau erfolgte von 1502 bis 1508 auf Anordnung des damaligen Statthalters **Nicolás de Ovando.**

Die Festung wurde von ihrer Fertigstellung bis zum Jahr 1965 als **Gefängnis** genutzt. Zu den bekanntesten **Häftlingen** gehörten **Christoph Kolumbus**, Landesvater **Juan Pablo Duarte** (s. S. 110) und zahlreiche weitere *Trinitarios* (Anhänger eines 1838 gegründeten Geheimbundes zur Schaffung einer Republik) sowie die ehemaligen Präsidenten Jacinto Peynado und Horacio Vásquez.

Höhepunkt der Anlage ist der 18 m hohe **Hauptturm**, auf den man hinaufsteigen kann. Die **Innenräume** sind, abgesehen von einigen Infotafeln, leer. Zu sehen sind hier aber ehemalige Verliese. Das große Nebengebäude barg früher ein Munitionslager, zur Flussseite stehen einige alte **Kanonen.**

› C. Las Damas, Ecke C. Padre Billini, Di.–So. 10–18 Uhr, Eintritt: 70 RD$

4 Museo de las Casas Reales ★★ [S. 144]

Das **Museum der Königlichen Häuser** ist in einem **Kolonialgebäude** aus dem Jahr 1511 untergebracht, in dem sich zur damaligen Zeit verschiedene Regierungsbüros befanden. Seit 1976 fungiert es als Museum und widmet sich der langen und von kriegerischen Auseinandersetzungen geprägten **kolonialen Ver-**

MEIN TIPP

Stadttour auf eigene Faust

Auf dem **Instagram-Account zonacolonialrd** führt ein Link zu einem **kostenlosen Audioguide** u. a. in englischer und spanischer Sprache. Die Orientierung erfolgt wahlweise anhand einer Liste der Sehenswürdigkeiten oder einer Karte mit den Attraktionen der kolonialen Altstadt. Am jeweiligen Ort angekommen, liefert der Audioguide interessante Hintergrundinformationen.

gangenheit der Insel, von ihrer „Entdeckung“ 1492 bis zur Abspaltung Haitis von Spanien im Jahr 1821.

Von außen eher schlicht und schnörkellos anzusehen, überrascht der Bau nach dem Betreten mit **begrünten Innenhöfen**, eindrucksvollen Ausstellungsstücken und detaillierten Modellen, z. B. von der Schiffsflotte, mit der Kolumbus einst anlandete.

› C. Las Damas, am Rande der Plaza de España, Tel. 8096824202, https://museosrd.gob.do/museos/museo-de-las-casas-reales, Di.–So. 10–18 Uhr, Eintritt: 100 RD$ (inkl. Audioguide)

5 Alcázar de Colón ★★★ [S. 144]

Der kleine Palast bildet gemeinsam mit der Plaza de España und der lebhaften Straße La Atarazana eine der schönsten Ecken der Altstadt.

Hinter der riesigen **Plaza de España** gelegen, wirkt der flache, recht nüchterne, im spanischen Kolonialstil errichtete Palast eher bescheiden – das einzige auffällige Gestaltungselement sind die **Arkaden**.

Diego Kolumbus, Sohn des berühmten Entdeckers, hat das Gebäude 1510–1514 während seiner Amtszeit als Vizekönig der Neuen Welt erbauen lassen. Über sechs Jahrzehnte diente der Palast als **Sitz der spanischen Kolonialregierung**. Im 19. Jh. wurde der Palast unter **Denkmalschutz** gestellt, während der Diktatur Trujillos wurde er aufwendig restauriert und seit 1990 gehört er als Teil der kolonialen Altstadt zum UNESCO-Weltkulturerbe.

Im Inneren befindet sich ein **Museum**, das einen Eindruck vom Leben während der frühen Jahre der spanischen Kolonisation vermittelt. Zu sehen sind etwa edle Möbel, Kleidungsstücke der damaligen Oberschicht und Kunstwerke. Die luxuriöse Einrichtung steht in klarem Kontrast zum schlichten Äußeren.

› Plaza de España/C. La Atarazana, Di.–So. 10–18 Uhr, Eintritt: 100 RD$ (inkl. Audioguide)

6 Museo de las Atarazanas Reales (MAR) ★★ [S. 144]

Das moderne und liebevoll gestaltete **Marinemuseum** gewährt spannende Einblicke in die **Geschichte der Seefahrt** rund um die Insel Hispaniola: von der „Entdeckung“ bzw. Ankunft von Kolumbus über diverse Kriege bis hin zur Piraterie. Kurze **Filme** und **Animationen** veranschaulichen die historischen Ereignisse. Bei den **Ausstellungsstücken** – darunter z. B. Waffen, Schmuck und Alltagsgegenstände wie Teller, Tassen und Vasen – handelt es sich überwiegend um Originale, die während der letzten Jahrhunderte vom Meeresgrund geborgen wurden.

› C. La Atarazana, Tel. 8095088717, www.facebook.com/museodelmarrd, Di.–So. 10–18 Uhr, Eintritt: 400 RD$

018id-th

7 Museo de Ámbar ★ [S. 144]

Das kleine, **private Bernsteinmuseum** über einem **Laden** bietet einen Überblick über die Geschichte, Gewinnung und Verarbeitung des **Bernsteins** *(ámbar)*. Zahlreiche Ausstellungsstücke widmen sich dem beliebten Schmuckstein und verdeutlichen die Vielfalt seiner Einschlüsse.

› C. Arzobispo Meriño 452, Ecke C. Restauración, Tel. 8096823309, www.amberworldmuseum.com, Mo.–Sa. 9–18, So. 9.30–13.30 Uhr, Eintritt: 100 RD$, Kinder bis 8 Jahre frei

8 Parque Nacional Los Tres Ojos ★★ [I7]

Ein beeindruckendes Naturdenkmal inmitten der Großstadt

Nur wenige Meter von der Hauptstraße entfernt, liegt inmitten dichter Vegetation der faszinierende Nationalpark Los Tres Ojos („Die drei Augen“). Die **Dolinen** (trichterförmige Kalksteinhöhlen) entstanden vor ca. 10.000 Jahren und beherbergen im vorderen Bereich **drei schillernd blaue Lagunen** – daher der Name. Sie sind durch angelegte Wege und **Treppen**, wenn auch etwas rutschig, erschlossen. Eine vierte Lagune ist im Rahmen einer kurzen **Floßfahrt** durch die dunkle **Karsthöhle** erreichbar. Die Höhlen und Lagunen wurden bereits von den indigenen **Taínos** (s. S. 40) als Rückzugsort und für Rituale genutzt.

Tipp: Nehmen Sie unbedingt eine Flasche Wasser mit – die Luftfeuchtigkeit ist sehr hoch und man gerät schnell ins Schwitzen.

019id-th

› C. Marginal Las Américas Este, Santo Domingo Este, Anfahrt mit Uber oder Taxi (ca. 300 RD$, 15 Min.), tägl. 8–17 Uhr, Eintritt: 200 RD$ (Floß 50 RD$)

9 Jardín Botánico Nacional (Botanischer Garten) ★ [I6]

Der Botanische Garten wurde 1976 eingeweiht und ist nach dem dominikanischen Botaniker **Dr. Rafael María Moscoso** benannt. Auf einer Fläche von ca. 2 km² liefert der Park einen umfassenden Überblick über die **Flora** der Dominikanischen Republik. Es gibt **Themenwege** wie den „Taíno Trail“ oder den „Weg der Sinne“, außerdem **Themenpavillons** zu Bromelien, Orchideen und anderen Pflanzenarten. Eines der Highlights ist der hübsch gestaltete **Japanische Garten** mit seinem Teich und der auffälligen roten Brücke.

Die wuchtigen Mauern des Alcázar de Colón an der Plaza de España

Eines der drei „Augen“ im Nationalpark Los Tres Ojos

Ein **Bummelzug** bietet regelmäßige Rundfahrten durch den Garten an (im Eintrittspreis enthalten).

› Jardín Botánico Nacional Dr. Rafael María Moscoso, Av. República de Colombia, Distrito Nacional, Anfahrt mit Uber oder Taxi (ca. 500 RD$, 25 Min.), Tel. 8093852611, www.jbn.gob.do, tägl. 9–17 Uhr, Eintritt: 7 US$ (auch in RD$ zahlbar)

Weitere Attraktionen

In der Zona Colonial

- **Kahkow Experience** <1> C. Las Damas 102, Tel. 8095472166, www.cacaotour.com, tägl. 10–19, Einlass bis 18.30 Uhr, Eintritt: Erw. 16 US$, Kinder 4–12 Jahre 9 US$. Kahkow Experience ist eine Art interaktives **Schokoladenmuseum.** Hier dreht sich alles rund um den Exportschlager **Kakao.** Die spannend aufbereiteten Informationen reichen von der Herkunft, über den Anbau bis zur Verarbeitung des wertvollen Rohstoffs – und zur Belohnung gibt es eine Verkostung. Die Kahkow Experience ist auch auf Deutsch verfügbar, die anderen Optionen wie die Schokoladenfabrik (Schokoriegel selbst herstellen) und das Seifenlabor sind auf Englisch.
- **Monasterio de San Francisco (Klosterruine)** <2> C. Juan Isidro Pérez, jederzeit von außen zu besichtigen. Das erste Kloster der Neuen Welt wurde von Francis Drake in Brand gesetzt, von Erdbeben erschüttert und zum UNESCO-Welterbe erklärt. Bis Mitte des 20. Jh. wurde es als psychiatrische Anstalt genutzt, heute dient es als Kulisse für Konzerte.
- **Museo del Larimar** <3> C. Isabel La Católica 54, Tel. 8096865700, https://larimarmuseum.com, Mo.–Sa. 9–18, So. 9–15 Uhr, Eintritt frei. Kleines Museum zur Gewinnung und Verarbeitung des Larimars, einer blauen Variante des Minerals Pektolith, die ausschließlich in der Larimar-Mine 21 im Südwesten der Dominikanischen Republik abgebaut wird.
- **Museo del Ron Dominicano** <4> C. Isabel La Católica 261, Tel. 8292811254, https://museodelron.do, Mo.–Sa. 9–23, Bar und Innenhof ab 18 Uhr, Eintritt frei. Museum zur Geschichte der Rumherstellung mit historischen Werkzeugen, einem schattigen Innenhof und einer bei Einheimischen beliebten Bar.
- **Museo Memorial de la Resistencia Dominicana** <5> C. Arzobispo Nouel 210, Tel. 8096884440, www.museodelaresistencia.com, Di.–So. 9.30–18 Uhr, Eintritt: 150 RD$ (inkl. Audioguide). Aufschlussreiches Museum über die verschiedenen Widerstandsbewegungen, die das Land in seiner turbulenten Vergangenheit geprägt haben. Zwar sind die ausgestellten Dokumente und Zeitungsartikel nur auf Spanisch, ebenso wie die meisten Infotafeln, aber der Audioguide ist auch auf Englisch verfügbar.
- **Panteón de la Patria** <6> C. Las Damas, tägl. 9–18, Eintritt frei. Die frühere Jesuitenkirche ist eines der letzten von Spaniern errichteten Gebäude in der Zona Colonial. Später diente es als Theater und Regierungsgebäude, bevor es 1958 kostspielig restauriert wurde und seitdem als Mausoleum fungiert. Es ist die letzte Ruhestätte zahlreicher Nationalhelden.

Außerhalb der Zona Colonial

› **Faro a Colón** <7> Av. Mirador del Este, Santo Domingo Este, Anfahrt mit Uber oder Taxi (ca. 250 RD$, 10 Min.), Di.–Sa. 9–17, So. 9–16 Uhr, Eintritt: 100 RD$. Der in Kreuzform erbaute **Kolumbus-Leuchtturm** ist ein gewaltiges Mausoleum zu Ehren von Christoph Kolumbus. Er wurde 1992 eingeweiht, pünktlich zum 500. Jahrestag von Kolumbus' Ankunft in der Neuen Welt. Ob hier tatsächlich Teile der sterblichen Überreste des Entdeckers ruhen, ist bis heute umstritten. Im Inneren befinden sich mehrere Ausstellungsräume.

› **Parque Iberoamérica** <8> C. César Nicolás Penson, Anfahrt mit Uber oder Taxi (ca. 300 RD$, 15 Min.), tägl. 5–21, Café tägl. 7–20 Uhr. Ruhiger, kleiner Park mit viel Grün, einem kleinen Amphitheater, einer Karsthöhle und zahlreichen Sitzgelegenheiten. Der Park und das darin befindliche Café namens **Cafecito del Parque** sind vor allem bei den Studenten der nahe gelegenen Universität beliebt. Das Café lädt zu einer kleinen Pause auf schattigen Parkbänken ein. Kaffeespezialitäten und Snacks wie Sandwiches und Croissants stehen zur Auswahl. Mit etwas Glück erklingt aus der angrenzenden Musikschule eine wohltuende Hintergrundmusik.

Infos und Reisetipps

› **Caseta de Información Turística** (s. S. 120): kleine Touristeninformation in der Altstadt

› **Stadtführung durch die Zona Colonial:** Guides sind um den Parque Colón vor der Kathedrale 1 zu finden. Nahezu alle sprechen Englisch, einige sogar Deutsch. Die Stadtführung dauert knapp 2 Std. und kostet 40 US$ (ab 2 Pers. günstiger). Alternativ auf eigene Faust (s. S. 17).

Verkehrsmittel

Die innerstädtischen Verkehrsmittel wie **Sammeltaxis** *(carros públicos)* setzen Ortskenntnisse, das Beherrschen der spanischen Sprache und teils mehrfaches Umsteigen voraus. Die **U-Bahn** *(metro)* steuert überwiegend zentrumsferne Viertel an. Innerhalb von Santo Domingo ist **Uber** (s. S. 130) die mit Abstand beste Option, um von A nach B zu kommen. Alternativ nutzt man ein **Taxi.**

› **Taxi:** Apolo Taxi, Tel. 8095370000

Von Santo Domingo aus bestehen **Busverbindungen** in alle Teile des Landes, jedoch gibt es **keinen zentralen Busbahnhof.** Hier die wichtigsten Busse und deren **Abfahrtsorte,** weitere Informationen zu Abfahrtszeiten und Preisen finden sich bei den jeweiligen Reisezielen unter „Infos und Reisetipps“:

› **nach La Romana** [L7]: Expreso Romana (ASOMIRO), C. Jacinto de la Concha, Ecke C. Caracas, www.facebook.com/Expresoromana

› **nach Bávaro und Punta Cana** [O6]: Expreso Bávaro (APTPRA), C. Juan Sánchez Ramírez 31, www.expresobavaro.com

› **nach Barahona** 20: Caribe Tours, Av. Leopoldo Navarro, Ecke Av. 27 de Febrero, www.caribetours.com.do

› **nach Santiago** 28 **und Puerto Plata** 46: Caribe Tours (s. S. 130)

› **nach Río San Juan** 50: Caribe Tours (s. S. 130)

› **nach Samaná** (s. S. 73): Transporte Samaná (ASOTRAPUSA), C. Barahona, Ecke C. Jacinto de la Concha

Unterkünfte

Die folgenden Unterkünfte befinden sich mit Ausnahme des Hotels El Embajador alle in der **Zona Colonial** (s. S. 15).

■ **Cataleya Hotel** €-€€ <9> C. Mercedes 52, Tel. 8092216995, über Buchungsportale buchbar. Einfache, aber komfortable Zimmer. Am Parque Colón kann man sich extern mit einem guten Frühstück versorgen (im Preis inbegriffen).

■ **El Beaterio Casa Museo** €€-€€€ <10> C. Duarte 8, Tel. 8096878657, www.elbeaterio.com. Ruhiges Hotel mit gutem Frühstück in einem ehemaligen Kloster aus der Kolonialzeit. In der kleinen Lobby sind einige Gegenstände ausgestellt, die bei der Restaurierung entdeckt wurden.

Der schattige Innenhof und die Dachterrasse laden zum Verweilen ein.

› **El Embajador – a Royal Hideaway Hotel** €€€-€€€€ <11> Av. Sarasota 65, Bella Vista, Tel. 8092212131, www.barcelo.com. Das wohl traditionsreichste Hotel der Stadt. Luxuriöse Zimmer, Restaurants, Bars und ein großer Pool im tropischen Garten.

■ **Island Life Hostel** € <12> C. Isabel La Católica 356, Tel. 8493625800, www.islandlifehostel.com. Chilliges Hostel mit Schlafsälen und Privatzimmern mit eigenem Bad. Innenhof mit kleinem Pool, Gemeinschaftsküche und Frühstücksbüfett.

■ **La Puerta Roja Guest House** € <13> C. Estrelleta 157, am Rand der Zona Colonial, Tel. 8098812949, über Buchungsportale buchbar. Einfache, gemütliche Zimmer mit A/C. Kein Frühstück, aber eine Gemeinschaftsküche steht zur Verfügung.

Essen und Trinken

Abgesehen vom El Mesón de la Cava sind alle nachfolgend genannten Lokale in der **Zona Colonial** angesiedelt.

■ **Antojao'** € <14> C. Mercedes, Ecke C. Arzobispo Meriño, Tel. 8299795654, Mo. 10–19, Di.–So. 10–20 Uhr. Charmantes, kleines Café, das für seine große Auswahl an typisch dominikanischen Süßspeisen und Kaffeespezialitäten bekannt ist.

■ **Buche Perico** €€-€€€ <15> C. El Conde 53, Tel. 8094756451, www.bucheperico.com, Mo.–Fr. 12–23, Sa./So. 9–24 Uhr. Typische dominikanische Küche, hochwertig und kreativ interpretiert, in einem überdachten Innenhof.

■ **Casa Barista Coffee Co.** €-€€ <16> C. Arzobispo Meriño 268, Tel. 8292470142, www.casabaristacoffee.com, tägl. 7–22 Uhr. Schickes Café mit ruhigen Ecken, auch zum Arbeiten ideal. Große

Musik im Blut: Bachata, Merengue, Salsa und mehr

In der Dominikanischen Republik wird Musik gelebt – und zwar jederzeit und überall! Sie ist ein essenzieller Bestandteil des dominikanischen Lebensgefühls. Die ansteckenden Rhythmen von Merengue, Bachata, Salsa, Reggaeton und Dembow begegnen einem selbst an den entlegensten Orten der Insel.

Merengue und Bachata sind die klassischen Rhythmen. Historisch betrachtet hatte der Merengue seine Anhänger überwiegend im städtischen Raum und in der Oberschicht, während die **Bachata** vor allem auf dem Land getanzt wurde. Diese Grenzen sind aber längst aufgehoben, spätestens seit die international erfolgreiche New Yorker Band Aventura mit ihrem Sänger Romeo Santos die Bachata modernisierte. Mit ihrem frühen Hit „Obsesión" schafften sie es sogar in die deutschen Charts. Weitere beliebte Interpreten dieser Musikrichtung sind Anthony Santos, Frank Reyes und Elvis Martinez.

Wenn es um **Merengue** geht, dann überragt ein Mann alle: Juan Luis Guerra. Der dominikanische Superstar ist in ganz Lateinamerika bekannt und füllt sogar in Spanien bei Konzerten ganze Fußballstadien. In ihrer dominikanischen Heimat haben auch Künstler wie Eddy Herrera, Los Hermanos Rosario und Rubby Pérez Legendenstatus.

Die **Salsa-Musik** steht zwar in erster Linie für die Nachbarinseln Kuba und Puerto Rico, erfreut sich aber auch in der Dominikanischen Republik einer stetig wachsenden Fangemeinde. Einer

Auswahl an Snacks und Speisen wie Wraps, Bowls, Pizza oder Salaten, teilweise vegetarisch, vegan und glutenfrei.

- **Curcio – Pizza al taglio** €–€€ <17> C. Isabel La Católica 163, Tel. 8097976354, So.–Do. 12–23, Fr./Sa. 12–24 Uhr. Knusprige Pizza mit kreativen Belägen und stückweise verkauft – ideal für den kleinen Hunger.
- **El Buho Eatery** €€ <18> C. Arzobispo Nouel 58, Tel. 8096920318, www.elbuhoeatery.com, Mi.–Sa. 12–23, So. 10–18 Uhr. Stilvolles Restaurant mit großem Innenhof. Gute Auswahl an kleinen und großen Gerichten, überwiegend lokale Küche mit kreativer Präsentation.
- › **El Mesón de la Cava** €€€ <19> Av. Mirador Sur 1, Bella Vista, Tel. 8095332818, https://elmesondelacava.com, tägl.

020id-th

Empanada mit Glücksbotschaft im süßen Café La Bendita (s. S. 24)

der bekanntesten lokalen Künstler der letzten Jahre ist Yiyo Sarante.

Ebenfalls sehr beliebt ist der aus Puerto Rico stammende **Reggaeton,** der dank seines von einem Drumcomputer gespielten Grundrhythmus unverwechselbar ist. Vor allem die jüngere Generation liebt den aufreizenden, körperbetonten Tanz. Zu den populärsten Künstlern des Genres zählen Daddy Yankee, Wisin y Yandel, Don Omar und der aktuell äußerst erfolgreiche Bad Bunny.

Der dominikanische **Dembow** ist aus dem Reggaeton hervorgegangen und sogar nach dessen markantem Grundrhythmus benannt, der hier allerdings noch schneller gespielt wird. Dembow hat in den vergangenen Jahren einen bemerkenswerten Aufschwung erlebt. Interpreten wie El Alfa, Rochy RD und Chimbala sind längst über die Landesgrenzen hinaus erfolgreich. Sowohl Reggaeton als auch Dembow sind eng mit dem jamaikanischen Dancehall verwandt.

Eines haben alle hier vorgestellten Musikstile gemeinsam: Das Thema der Texte ist fast immer die Liebe. Während der Merengue eher fröhlichere Töne anschlägt, handelt die Bachata meist von komplizierten Dreiecksbeziehungen und unerfüllter Liebe, was auch an den klagenden Stimmen zu hören ist. Reggaeton und Dembow widmen sich vor allem den körperlich-sinnlichen Aspekten der Liebe, häufig mit sehr expliziten Texten.

12–24 Uhr. Gehobenes Restaurant, spektakulär in einer Höhle gelegen.

- **La Bendita** € <20> C. 19 de Marzo 2, Tel. 8097390336, Mo.–Do. 9–21, Fr.–So. 9–23 Uhr. Liebevoll dekoriertes und mit Herzblut betriebenes Café. Leckere Empanadas, frisch gepresste Säfte und selbst gemachtes Eis.
- **Time Creative Vegetarian Kitchen** €€ <21> Parque Billini, Tel. 8092997533, So.–Di. 12–22, Mi.–Sa. 12–24 Uhr. Vegetarisches Restaurant im malerischen Parque Billini.

MEIN TIPP

Auszeit im Campo Aventura

Um den Ausflug zum Wasserfall Salto Alto 10 entspannter zu gestalten, empfiehlt sich eine **Übernachtung** in der kleinen Stadt **Bayaguana** [J5]. Hierfür eignet sich das naturnahe Projekt **Campo Aventura** einige Kilometer außerhalb der Stadt. Zur Wahl stehen verschiedene **Bungalows,** die einfach gehalten sind, aber über den nötigen Komfort verfügen (Klimaanlage, Moskitonetz, eigenes Bad). Bestandteil der fürsorglichen Betreuung ist die leckere **dominikanische Küche** – alle Mahlzeiten sind im Preis inbegriffen. Auf dem Gelände locken große Spielwiesen, ein Platz für **Lagerfeuer,** eine kleine **Zipline,** eine **Kletterwand** und **Kajaks,** mit denen sich der angrenzende Fluss erkunden lässt.

Der **Salto Alto** ist in 45–60 Min. zu Fuß erreichbar. Hierzu folgt man einfach der wenig befahrenen Straße, auf der man aus Bayaguana angekommen ist. Alternativ organisiert das Personal ein *motoconcho.*

› **Campo Aventura** €€–€€€ <28> Carr. Bayaguana – Sierra de Agua, von Bayaguana aus per *motoconcho* erreichbar (200–250 RD$), Tel. 8094810212, www.campoaventura.do

Einkaufen

- **Cabinet Tabaco Boutique (1)** <22> C. Las Damas 44, www.cabinetcigar.com, Mo.–Do. 10–20, Fr.–So. 10–21 Uhr. Hochwertige Zigarren aus der Dominikanischen Republik und anderen Ländern. Verkauf zu herkömmlichen Preisen (kein Touristenaufschlag).
- **Mercado Modelo** <23> Av. Mella, Ecke C. Santomé, Mo.–Sa. 9–18, So. 7–13 Uhr. Landestypische Souvenirs und Kunsthandwerk bekommt man hier spürbar günstiger als in der C. El Conde. Ein Preisvergleich zwischen den einzelnen Ständen lohnt sich, ein wenig Handeln ist erlaubt.
- **Supermercados Nacional** <24> C. El Conde, Ecke C. Duarte, Mo.–Sa. 7–22, So. 7–20 Uhr. Guter Supermarkt mit Vollsortiment in bester Lage in der Altstadt. Es gibt Geldautomaten verschiedener Banken im Eingangsbereich.

Nachtleben

- **Parada 77** <25> C. Isabel La Católica 255, So.–Do. 19–2, Fr./Sa. 19–3 Uhr. Populäres Tanzlokal mit viel Merengue, Bachata und Salsa (s. S. 22).
- **Sabina Bar** <26> C. Isabel La Católica 206, Mo.–Do. 14–24, Fr.–So. 14–2 Uhr. Bar zu Ehren des Liedermachers Joaquín Sabina. Freundliche Atmosphäre, regelmäßig Livemusik.
- **SugarCane – La Casa del Ron** <27> C. Arzobispo Meriño 204, Mo.–Do. 17.30–24, Fr. 17.30–1, Sa. 16.30–1, So. 15.30–24 Uhr. Gute Tapas, leckere Drinks und einmalige Aussicht von der Dachterrasse auf die geschichtsträchtige Kathedrale.

Über drei Kaskaden ergießt sich der Wasserfall Salto Alto in ein badetaugliches Naturbecken

10 Salto Alto ★★ [J5]

Von Santo Domingo aus bietet sich ein Besuch des in wunderschöner Natur im Landesinneren gelegenen **Wasserfalls** in Bayaguana an. Er zählt mit Sicherheit zu den attraktivsten Wasserfällen des Landes und ist unter der Woche nur wenig besucht. **Drei Ströme** ergießen sich in ein großes **Naturbecken**, das ideal für ein **erfrischendes Bad** ist. Der Ausflug lässt sich als **Tagestour** planen, eine Übernachtung in Bayaguana, beispielsweise im **Campo Aventura** (s. S. 24), ist allerdings empfehlenswert.

› **Anfahrt:** ab Santo Domingo bis Bayaguana, Abfahrt an der Av. Teniente Amado García (SICHOSACBA). Der Expressbus *(guagua)* fährt um 10.30, 11.30, 15 und 18.30 Uhr (200 RD$). Ansonsten verkehren regelmäßig normale *guaguas*, die ca. 2 Std. unterwegs sind (150 RD$). Von Bayaguana aus gelangt man mit einem *motoconcho* zum Wasserfall (ca. 300–350 RD$). Wichtig: Die spätere Abholung muss bei der Hinfahrt vereinbart werden.

› **Eintritt Wasserfall:** 100 RD$

Der Südosten

Der Südosten der Insel ist bestens erschlossen, was sich in erster Linie auf die gute **Verkehrsanbindung an Santo Domingo** und zwei touristische Aushängeschilder zurückführen lässt: Zum einen handelt es sich um den Luxuskomplex Casa de Campo bei La Romana [L7], wo die Reichen und Schönen Urlaub machen, zum anderen um die Region um **Punta Cana und Bávaro** [O6], die von der Mehrheit der Pauschaltouristen angesteuert wird.

Gleichwohl hat dieser Inselteil auch einiges für neugierige Individualreisende zu bieten: Zwischen San Pedro de Macorís und La Romana liegt das faszinierende Höhlensystem der **Cueva de las Maravillas** 11. Die lebhafte Stadt **La Romana** [L7] gewährt einen interessanten Einblick in das Alltagsleben der Dominikaner. Das krasse Gegenteil wartet mit dem **Eco River House** (s. S. 27) weit abgelegen im Nirgendwo am Río Chavón – hier hat man noch nicht einmal Handyemp-

021id-th

fang! Nicht ganz so versteckt und weltfern, aber dennoch angenehm entspannt zeigen sich die **Fischerdörfer Bayahibe** ⑫ und **Boca de Yuma** ⑭, zwischen denen sich der **Nationalpark Cotubanamá** erstreckt. Zu diesem gehört auch die **Isla Saona** ⑬ – die paradiesische Insel ist eines der beliebtesten Ausflugsziele des Landes.

⑪ Cueva de las Maravillas ★★★ [L7]

Faszinierende Welt unter der Erde

Die „**Höhle der Wunder**" ist eine der größten und die mit Abstand besterschlossene Höhle des Landes. Stimmungsvolle **Lichtinstallationen** sorgen für die passende Ausleuchtung, gut angelegte **Wege** und **Treppen** garantieren eine bequeme Erkundung. Diese erfolgt unter Anleitung eines **fachkundigen Guides**, der spannende Details zur Geschichte der Höhle mit den Besuchern teilt. Während der Tour lassen sich an den Höhlenwänden rund **500 Piktogramme** aus der Zeit der **Taínos** (s. S. 40) bewundern. Sie zeigen menschliche und tierische Figuren, aber auch zahlreiche abstrakte Motive.

Die riesige Kalksteinhöhle ist voller **Stalagmiten** und **Stalaktiten**, hinzu kommt ein **künstlicher See**, der eine prächtige Spiegelung der Höhlendecke erzeugt.

› **Anfahrt:** am besten vom ca. 10 km entfernten La Romana [L7] aus per Taxi, Uber oder *motoconcho*. Ein Taxi kostet hin und zurück 60 US$ (inkl. Wartezeit vor Ort). Ein Uber oder *motoconcho* wird pro Strecke ca. 600 RD$ berechnen. Die Abholung muss separat vereinbart werden.

› Carr. La Romana – San Pedro de Macoris, Km 16, Tel. 8099519009, https://cuevadelasmaravillas.com.do, Di.–So. 9–17 Uhr, Eintritt: 300 RD$

Naturschauspiel im Höhlensystem der Cueva de las Maravillas

022id-th

La Romana [L7]

Mit rund 150.000 Einwohnern gehört La Romana zu den größten Städten des Landes und ist gleichzeitig das **wirtschaftliche Zentrum** im Südosten der Insel. Der **Hafen** spielt eine wichtige Rolle beim Export von Tabak, Zucker und Früchten. Die meisten Touristen erreichen La Romana an Bord von **Kreuzfahrtschiffen.**

Vorgelagert ist die ca. 9 km² große, unbewohnte **Isla Catalina** [L–M7].

Der **Stadtstrand** von La Romana ist die **Playa Caleta** [M7] im gleichnamigen Ortsteil im Südwesten der Stadt. Er bietet sich für einen entspannten Badetag an, man darf allerdings nicht erwarten, ihn für sich allein zu haben. Einige Hotels stehen in unmittelbarer Strandnähe, etliche meist einfache Restaurants reihen sich oberhalb des Strandes aneinander.

Infos und Reisetipps

- **Anfahrt ab Santo Domingo:** vom Terminal des Expreso Romana (s. S. 130), Fahrpreis 225 RD$
- **Stadtverkehr und Ausflüge:** Das Stadtgebiet von La Romana ist weitläufig. Innerhalb der Stadt bewegt man sich am besten mit Uber fort. Auch *motoconchos* sind für kürzere Distanzen gebräuchlich, allerdings ist der Verkehr chaotisch.
- **Taxi:** Am südlichen Ende des Parque Central befindet sich das Büro der Taxizentrale Santa Rosa (Tel. 8095565313 oder 8095568950). Für wichtige Ziele außerhalb der Stadtgrenzen gelten Festpreise.
- **Geldabheben:** Bei der Weiterreise zum Eco River House (s. unten) oder nach Boca de Yuma 14 muss in La Romana ausreichend Bargeld abgehoben werden. Alle wichtigen Banken sind hier vertreten.

Unterkunft

- **Glamour Hotel** € <29> C. Gastón Fernando Deligne 96, Tel. 8099365465, über Buchungsportale buchbar. Das Hotel ist nur wenige Gehminuten vom Stadtzentrum von La Romana entfernt. Die Zimmer sind zweckmäßig, sauber und sehr günstig.

Mein Tipp

Unvergesslicher Aufenthalt im Eco River House

Ein Aufenthalt im Eco River House ist mehr als nur eine Übernachtung – er ist eine Erfahrung! Das kolumbianische Ehepaar **Aida und Gustavo** hat sich hier, am tiefen **Canyon des Río Chavón,** seinen Lebenstraum erfüllt. Diese Liebe sieht und spürt man.

Die Unterkünfte reichen von einfachem **Camping** (Zelt mit Matratze) bis zu **ausgefallenen Bungalows** aus Naturmaterialien. Manche haben einen privaten Pool, für alle anderen gibt es einen gemeinsamen. Die Anlage ist harmonisch in die üppige Landschaft integriert und wird nachhaltig betrieben: Viele der Lebensmittel, die zum **Frühstück** oder zum **Abendessen** zubereitet werden, stammen aus eigenem Anbau. Nach dem Abendessen zaubert Gustavo entspannte Musikvideos auf eine Leinwand gegenüber der kleinen Lounge, begleitet vom Knistern des Lagerfeuers. Die beiden Inhaber leben ihren Traum, was wiederum die Gäste zum Träumen einlädt. Jedoch sehen sie sich nicht als Gastgeber, sondern als Teil einer Gemeinschaft, die durch die Gäste vervollständigt wird.

Wichtig: Es gibt **keinen Handyempfang,** die Abholung mit dem *motoconcho* muss vorab vereinbart werden.

Begleitende **Getränke** wie Trinkwasser und Säfte gibt es zu den Mahlzeiten dazu. Für ein Mittagessen muss selbst gesorgt werden – ein Grill steht dafür übrigens zur Verfügung.

Alternativ gibt es das **Rancho Santa Cruz,** ein einfaches, gutes Restaurant unmittelbar an der Hauptstraße, ca. 5 Min. zu Fuß entfernt. Weitere Getränke und Snacks sollte man mitbringen, vor Ort sind sie nur schwer zu bekommen. Es gibt dort lediglich einen kleinen *colmado* mit eingeschränkter Auswahl an der Hauptstraße.

- **Eco River House** €€-€€€ <32> Río Chavón – La Altagracia, auf Facebook und Instagram, Tel. 8095048919 (WhatsApp). Über WhatsApp ist der Produktkatalog aufrufbar. Er listet Details zu den verschiedenen Unterkünften.
- **Anfahrt:** von La Romana [L7] nach Benerito [M7] (*guagua* ab Haltstelle C. Dr. Téofilo Ferry, nahe der Ecke C. Duarte). Ab dem kleinen Ort Benerito geht es nur mit *motoconcho* weiter. Der Fahrpreis zum Eco River House beträgt ca. 300 RD$ (15–20 Min. Fahrt).

023id-th

Essen und Trinken

- **Barra Chavón** € <30> Av. Santa Rosa 115, Tel. 8093493233, Mo.–Sa. 7–21, So. 8–15 Uhr. Frische, schmackhafte Sandwiches, zum Frühstück oder im Tagesverlauf in Kombination mit Pommes.
- **The Chefcito Cuisine** €-€€ <31> C. Francisco Castillo Marquez, Ecke C. Dr. Teófilo Hernández, Tel. 8292197445, tägl. 12–15 u. 17–24 Uhr. Fast Food, BBQ und einfache Gerichte mit viel Liebe zum Detail.

12 Bayahibe ★★ [M7]

Das **ehemalige Fischerdorf** lebt mittlerweile vom Tourismus. Und dieser bezieht sich vorrangig auf die **Isla Saona** 13. Aus diesem Grund wird es genau zweimal am Tag hektisch in dem kleinen Ort: morgens, wenn die Touristenbusse am großen **Parkplatz** ankommen, und nachmittags, wenn sie wieder abfahren. Die restliche Zeit über geht es recht entspannt zu. Für einen Ort dieser (überschaubaren) Größe gibt es viele **Restaurants**, die meisten, wie zu erwarten, in Wassernähe. Kleine Hotels sind im Zentrum verstreut, große Hotelanlagen befinden sich etwas außerhalb, überwiegend im Ortsteil Dominicus. Auf der Landzunge an der Bucht steht eine charmante kleine **Kirche**, die einen Besuch lohnt.

Das **Publikum** ist international, sowohl was die Bewohner als auch was die Besucher betrifft. Vielleicht macht eben diese Mischung den besonderen Charme von Bayahibe aus. Und dann wären da noch die unvergleichlichen **Sonnenuntergänge** …

In Bayahibe gibt es zwei **Strände:** Vorbei an der Playa BarcoBar (s. S. 29) und dem Baseball-Spielfeld gelangt man zur südlich des Zentrums gelegenen **Playa Magallanes**, die aber manchmal einen etwas vernachlässigten Eindruck macht. Hinter dem großen Busparkplatz, wo die Boote und Katamarane vor Anker liegen, wartet mit der **Playa Bayahibe** die reizvollere Alternative. Allerdings gilt es zu beachten, dass ein Großteil des Wassers für den Bootsverkehr gesperrt ist und sich am nordwestlichen Ende der Privatstrand des Hilton Hotels erstreckt. Ein mit Bojen gesicherter, öffentlicher Badebereich verspricht dennoch Strandvergnügen und es gibt ausreichend Schattenplätze. Einfache Restaurants und Beachbars sorgen für das leibliche Wohl.

Bayahibe ist besonders bei **Tauchern** beliebt (s. S. 87).

Die nahe gelegene, mysteriöse Höhle **Cueva del Puente** (s. Wanderung 1 auf S. 90) ist unbedingt einen Besuch wert.

Die Sonnenuntergänge in Bayahibe sind landesweit berühmt

Infos und Reisetipps

- **Anfahrt:** Die *guagua* nach Bayahibe fährt am Ortsausgang von La Romana [L7] an der Av. Libertad, Ecke C. Benito Monción (Parkplatz gegenüber dem Krankenhaus). Der Fahrpreis beträgt 85 RD$.
- **Casa Daniel** <33> C. Principal, Ecke C. La Bahía, direkt gegenüber der Bucht, Tel. 8098330083, www.casa-daniel.com, tägl. 8–18 Uhr. Alteingesessene Tauchschule unter Schweizer Leitung, die Tauchkurse, geführte Tauchgänge und verschiedene Ausflüge anbietet, u. a. zur Isla Saona (13).

Unterkunft

- **Hotel Villa Iguana** €€ <34> C. Tomasa Cedeño 2, Tel. 8295460400, www.hotelvillaiguanabayahibe.com. Schlicht gestaltete, ordentliche und geräumige Zimmer. Großartige Dachterrasse mit Pool und Blick über Bayahibe.

Essen und Trinken

- **La Casita de Mary** €€ <35> C. Tomasa Cedeño, Tel. 8293484802, tägl. 7–22 Uhr. Venezolanisches Restaurant mit herzlichem Service.
- **Playa BarcoBar** €€ <36> C. La Bahia 1, Tel. 8092644784, Mi.–Mo. 8–23 Uhr. Traumhaft direkt am Strand gelegen – die Sonnenuntergänge sind hier eine Augenweide. Gutes Frühstück, leckeres Essen (italienische und internationale Küche) und köstliche Drinks.

Einkaufen

- **Mini Market MyA** <37> C. Tomasa Cedeño, tägl. 8–21 Uhr. Bestens sortierter Supermarkt in zentraler Lage.

MEIN TIPP

Entspannung im Grünen

Wer ein ruhiges Ambiente bevorzugt, dem sei die kleine, mit viel Liebe zum Detail geschaffene **GuaiGüí Bayahibe Ecolodge** von Yoel und Anna empfohlen. Die einfachen **Bungalows** aus Naturmaterialien fügen sich harmonisch in den großen **tropischen Garten** ein. Sie verfügen über Strom, einen Ventilator und ein Moskitonetz. Ein kleiner **Naturpool** im Garten lädt zur Erfrischung ein. Die jungen Gastgeber leben mit ihren Kindern selbst in der Lodge und entsprechend familiär ist die Atmosphäre.

Ein *motoconcho* verlangt 150–200 RD$ für die Strecke zwischen Bayahibe (12) und der Lodge. Die Gastgeber helfen gerne dabei, eines zu rufen.

- **GuaiGüí Bayahibe Ecolodge** €€ <38> Carr. Bayahibe, ca. 5 km vor dem Hauptort, Tel. 8296057409, über Buchungsportale buchbar

024id-th

▷ *Besonders gut schmeckt es mit traumhafter Sicht auf die romantische Bucht von Bayahibe*

13 Isla Saona ★★★ [N8]

Der Insel-Klassiker im Südosten

Die paradiesische, vorgelagerte Isla Saona ist zweifellos das populärste **Ausflugsziel** der Region. Sie ist 110 km² groß sowie knapp 25 km lang und Teil des **Nationalparks Cotubanamá** mit seiner reichen Flora und Fauna. Das Eiland ist eine beliebte **Filmkulisse:** So wurden hier etwa Szenen für „Fluch der Karibik" und der Klassiker „Die Blaue Lagune" gedreht.

Startpunkt für einen Ausflug ist stets der kleine Ort **Bayahibe** 12, in dessen Bucht die Boote zur Insel ablegen. Anbieter für organisierte Touren gibt es „wie Sand am Meer", es kommt vor allem darauf an, welche Variante man bevorzugt. Die Touren unterscheiden sich vor allem in zwei Punkten: zum einen bei den verwendeten Booten, zum anderen bei den angesteuerten Zielen.

Zur Wahl stehen **Schnellboote** und **Katamarane** – ideal ist eine Kombination beider Bootstypen bei der Hin- und Rückfahrt, sodass man mindestens einmal mit dem Katamaran fährt. Dieser gleitet gemütlich über das glitzernde Meer, während zu lokaler Musik getanzt und der eine oder andere Drink ausgeschenkt wird.

Die meisten Touren steuern die **Strände im Nordwesten der Insel** an, da diese näher liegen. Diese Variante ist etwas günstiger. Es gibt auch Touren, meist einige Dollar teurer, die abgelegenere Strände im Süden der Insel zum Ziel haben. Dazu zählen die **Playa El Toro** (neben der Laguna Rosada) und die **Playa Canto de la Playa.** Auch die einzige Siedlung auf der Insel, **Mano Juan,** wird im Rahmen einiger Ausflüge besucht.

Unterwegs gibt es einen standardmäßigen Halt in der **Piscina Natural,** einem Naturschwimmbecken mit flachem, klarem Wasser, wo sich mit etwas Glück **Seesterne** entdecken lassen – aber bitte nicht anfassen oder gar aus dem Wasser nehmen!

Es lohnt sich, die verschiedenen Angebote zu vergleichen. Die **Preise** bewegen sich zwischen 55 und 60 US$ für die regulären Touren und um die 70 US$ für spezielle Angebote (Nationalparkgebühr immer enthalten). Empfehlenswerte **Anbieter** sind etwa Casa Daniel (s. S. 29), Sara vom Casa Rural El Paraíso oder Capitán Gringo, der verschiedene Optionen zur Auswahl hat.

011id-th

Wer seinen Besuch lieber individuell planen möchte: Es gibt auch ein **öffentliches Boot** zwischen Bayahibe und Mano Juan.

› **Anfahrt mit öffentlichem Boot:** Abfahrt um 9 Uhr in der Bucht von Bayahibe ⓬, Rückfahrt um 14 Uhr ab Mano Juan (18 US$ pro Strecke). In der Regel ist das Boot daran zu erkennen, dass viele Einheimische, teils mit Kartons und Tüten, einsteigen. Ansonsten fragt man einfach nach der *lancha pública*. Vor dem Einstieg muss am grünen Holzhäuschen der Parkverwaltung am großen Busparkplatz die Nationalparkgebühr von 250 RD$ bezahlt werden. Der Fahrpreis selbst wird auf dem Boot in bar kassiert.
› **Casa Rural El Paraíso de Saona** €€ <39> Mano Juan, Isla Saona, Tel. 8094016346, über Buchungsportale buchbar. Einfache Zimmer mit Ventilator und Bad, aber mit einzigartiger Lage unmittelbar am Strand der Isla Saona. Unbedingt Sonnencreme und Insektenspray mitnehmen. Eine abenteuerliche, aber lohnende Erfahrung.
› **Organisierte Tour mit Sara:** Die Spanierin Sara, Betreiberin des Casa Rural El Paraíso, veranstaltet eine ruhige, privat organisierte Tour via Schnellboot. Mit einer kleinen Gruppe besucht man die Strände Canto de la Playa und El Toro, die Laguna Rosada, den Ort Mano Juan und die dortige Schildkrötenaufzuchtstation, bevor es über die Piscina Natural wieder zurückgeht. Infos und Buchung über WhatsApp (Tel. 8094016346).
› **Capitán Gringo** <40> hinter dem Busparkplatz am Beginn des Strands, direkt gegenüber dem Restaurant Onno's, Tel. 8097539469, www.saona-tours.com, tägl. 8–18 Uhr. Der Anbieter hat donnerstags auch eine Tour zur Isla Catalina [L–M7] im Programm.

☐ *Playa El Toro auf der Insel Saona*

⓮ Boca de Yuma ★ [N7]

Das verschlafene **Fischerdorf** hat in touristischer Hinsicht eigentlich wenig zu bieten, ist aber dennoch eine Stippvisite wert. Es gewährt nämlich einen authentischen Einblick in das **dominikanische Alltagsleben.** An der Mündung des **Río Yuma** kann man eine kleine **Bootstour** auf dem Fluss unternehmen, die Fischer bei ihrer Arbeit beobachten, den **Malecón** (die Uferpromenade) entlangschlendern oder das **Hoyo Zumbador** neben dem Hotel Bocaino (s. S. 32) bestaunen, wo das Meer mit viel Schwung ein Naturbecken füllt. Nicht verpassen sollte man eine Besichtigung der **Cueva de Berna** ⓯.

Am Malecón finden sich mehrere **Restaurants,** über den Ort verteilt gibt es einige *colmados.* Ansonsten plätschert das Leben hier gemächlich vor sich hin – und das ist eine durchaus angenehme Urlaubserfahrung.

› **Anfahrt:** von La Romana [L7] oder Bayahibe ⓬ bis San Rafael de Yuma. Dort an der Hauptstraße nimmt man die *guagua* nach Boca de Yuma (50 RD$).

⓯ Cueva de Berna ★★ [N7]

Am **Ortsausgang von Boca de Yuma,** am Rande des Nationalparks Cotubanamá, liegt die Cueva de Berna. Die mächtige **Karsthöhle** ist **frei zugänglich** und lässt sich problemlos auf eigene Faust erkunden. Bei genauem Hinsehen lassen sich mehrere **Petroglyphen** (Felsgravuren) aus der Zeit der **Taínos** (s. S. 40) entdecken.

Am anderen Ende der Höhle fällt Licht durch ein großes Loch, das durch den Einsturz der Decke entstanden ist. **Festes Schuhwerk** und eine **Taschenlampe** sind beim Besuch empfehlenswert.

› **Wegbeschreibung:** Vom Hotel Bocaino läuft man an der Straße entlang aus dem Ort heraus. Am Friedhof zweigt ein Schotterweg rechts ab und führt direkt zur Höhle.

Unterkunft, Essen und Trinken

› **Hotel Bocaino und Restaurante El Arponero** €€ <41> El Malecón, Tel. 8094935502, www.elarponero.com, Restaurant tägl. 12–22 Uhr. Funktionale, geräumige Zimmer mit A/C, TV und kleiner Terrasse mit Meerblick. Poolbereich vor dem angeschlossenen Restaurant. Gute Küche, sehr leckere Pizza aus dem Steinofen, freundlicher Service und fantastischer Meerblick.

Punta Cana [06]

Die Region um Punta Cana und **Bávaro** ist für Individualreisende eigentlich uninteressant, da sie sich fast ausschließlich dem All-inclusive-Konzept verschrieben hat. Allerdings ist in den letzten Jahren das Angebot an **günstigen Flügen** in die Dominikanische Republik immer überschaubarer geworden. Daher ist es möglich, dass ein Flug nach Punta Cana aus finanziellen Gründen sinnvoll sein kann. Die oft späten Ankunftszeiten würden dann eine **Zwischenübernachtung** nötig machen. Aus diesem Grund hat Punta Cana in diesem Reiseführer überraschend doch Erwähnung gefunden. Infos zur **Weiterreise nach Santo Domingo** stehen auf S. 113.

Familien mit Kindern kommen beim Besuch des **Katmandu Parks** (s. S. 124) auf ihre Kosten.

Unterkunft

› **Riviera Punta Cana Eco-Travelers** €€ <42> C. Marcio Maggiolo, Bávaro, Tel. 8292898732, über Buchungsportale buchbar. Zweckmäßige, attraktive Zimmer. Idyllischer Garten mit Sitzgelegenheiten, Hängematte und kleinem Pool. Nur 250 m zum Strand.

Essen und Trinken

› **Bella Napoli Pizzería & Restaurant** €€ <43> Av. Alemania, Plaza Turquesa, Tel. 8293483538, www.bellanapolird.com, tägl. 8–23.30 Uhr, während der Nebensaison Mi. geschlossen. Hervorragende italienische Kochkunst, die Spezialität ist Pizza. Auch das selbst gemachte Eis ist ein Genuss.

Der Südwesten

Der Südwesten der Dominikanischen Republik ist das perfekte Ziel für Reisende mit **Abenteuerlust.** Die touristische Infrastruktur ist hier nicht so lückenlos wie z. B. im Südosten oder an Teilen der Nordküste, was das Reisen etwas herausfordernder macht. Wer sich aber darauf einlässt, der wird belohnt: mit wilden, einzigartigen Landschaften wie den **Dunas de Baní** ⑱ oder dem Salzsee **Lago Enriquillo** ㉓. Auch Begegnungen mit Nashornleguanen, Flamingos oder sogar Krokodilen sind in diesem Landstrich keine Seltenheit – stets jedoch mit dem nötigen Abstand.

Bei einem Besuch in der einzigen **Larimar-Mine** ㉑ der Welt, hoch oben im dichten Nebelwald der **Sierra de Bahoruco**, begibt man sich auf die Spuren von Indiana Jones. Ganz in der Nähe lädt das **Balneario La Plaza** ㉒ zu einem erfrischenden Bad in paradiesischer Kulisse ein, abenteuerliche Anfahrt inklusive. Entlang der Strände südlich von **Barahona** ⑳ wird schließlich die Grenzstadt **Pedernales** [B8] erreicht – hier ist die malerische Bucht **Bahía de las Águilas** ㉗ in greifbarer Nähe.

⑯ Ingenio Boca de Nigua ★ [H7]

Die erste **Zuckermühle** wurde an dieser Stelle bereits im frühen 16. Jh. von spanischen Siedlern errichtet. Im 18. Jh. wurde die Mühle neu aufgebaut. Im Jahr 1796 war sie Schauplatz der zweitgrößten **Sklavenrebellion** in der Geschichte der spanischen Kolonie. Während von einigen Gebäudeteilen nur **Ruinen** geblieben sind, sind andere gut erhalten, wodurch ein anschaulicher Eindruck der damaligen Zeit vermittelt wird. In der Mühle vom Typ *trapiche* wurde der süße Saft durch Walzen aus dem Zuckerrohr gepresst und anschließend zu Zucker weiterverarbeitet. Für historisch Interessierte ist ein Besuch ein spannendes Erlebnis.

› www.nuestropatrimonio.gob.do/index.php/ingenio-de-boca-de-nigua, frei zugänglich
› **Anfahrt:** Die *guagua* von Santo Domingo [I6–7] nach San Cristóbal [H7] fährt am Parque Enriquillo (C. Ravelo) ab (ca. 100 RD$, 45 Min.). Von dort geht es per Taxi, Uber oder *motoconcho* weiter nach Boca de Nigua (ca. 25 Min.). Es ist auch möglich, ein Uber direkt von Santo Domingo zu nutzen (ca. 1200–1500 RD$). Es ist ratsam, auch gleich die Rückfahrt zu vereinbaren.

⑰ Baní ★★ [G7]

Baní vereint Geschichte, Kultur und landschaftliche Schönheit.

Die 1764 gegründete **Hauptstadt der Provinz Peravia** ist ein sympathischer Ort mit knapp 100.000 Einwohnern, einige Kilometer von der Südküste entfernt. Das Leben verläuft sehr entspannt, was vermutlich sowohl an der intelligenten Stadtplanung – alles ist bequem zu Fuß erreichbar – als auch an den ungemein freundlichen Bewohnern liegen dürfte. Im Zentrum befinden sich mehrere hübsch angelegte **Parks**, einladende **Cafés** und die schmucke, kleine **Kathedrale** im Kolonialstil.

Der bekannteste Sohn der Stadt ist **Máximo Gómez** (1836–1905), der im kubanischen Unabhängigkeitskrieg eine entscheidende Rolle spielte. Sein **Geburtshaus** kann besichtigt werden, ein kleines **Museum** ist angeschlossen. Der angrenzende **Park** ist ideal für eine Pause während der Stadterkundung.

Zwar erstrecken sich einige Kilometer südlich des Zentrums **Strände**, diese sind aber eher wild und sehr steinig. Daher ist Baní nicht als Badeort bekannt.

Westlich des Ortes lockt die Steinkirche **Santuario San Martín de Porres**. Das außergewöhnliche Gotteshaus steht auf einer aussichtsreichen Anhöhe. Sie wurde von den Bewohnern der angrenzenden Gemeinde in Eigenregie erbaut.

Etwas außerhalb von Baní liegen mit den **Dunas de Baní** ⑱ und den **Salinas de Baní** ⑲ zwei Highlights auf der Route durch den Südwesten.

› **Museo Máximo Gómez** <44> Av. Máximo Gómez, zwischen C. Ntra. Sra. de Regla und C. Joaquín Inchaustegui, Mo.–Sa. 8–18 Uhr, Eintritt frei
› **Santuario San Martín de Porres** <45> Las Tablas, ca. 8 km (ca. 15 Min.) westlich von Baní, Hin- und Rückfahrt inkl. 30 Min. Besichtigung ca. 500 RD$ mit dem *motoconcho* und 1000 RD$ mit dem Taxi, Mo.–Sa. 8–18 Uhr, Eintritt frei

Infos und Reisetipps

› **Anfahrt:** *guagua* von Santo Domingo ab Parque Enriquillo (C. Ravelo). Die Fahrzeit beträgt ca. 90 Min. (200 RD$), Ausstieg am Terminal an der Av. Presidente Billini

025id-th

(Hauptstraße). Für rund 1500 RD$ sollte ein Uber zu bekommen sein. Bus von San Cristóbal [H7] ab Autopista 6 de Noviembre (unter der Brücke Av. Constitución – muss mit Handzeichen gestoppt werden).

Unterkunft

› **Hotel Caribani** € <46> C. Padre Billini 12 B, Tel. 8095223871. Perfekte Lage im Zentrum. Saubere Zimmer mit A/C, TV und Kühlschrank. Sehr freundliches Personal.

Essen und Trinken

› **Koncafé** € <47> Av. Presidente Billini, Ecke C. Mella, Tel. 8095225363, tägl. 8–21 Uhr. Kleines Café in bester Lage. Kaffeespezialitäten, Snacks und eine große Auswahl an süßen Versuchungen.

› **La Esquina de Kelvin** € <48> C. Sánchez, Ecke C. Santomé, Tel. 8095224608, tägl. 9–23 Uhr. Leckere Sandwiches und frisch gepresste Säfte, abends auch *yaroa* (s. S. 100) und weiteres Fast Food.

› **Mangos Food Park** €-€€ <49> Av. Presidente Billini 35, Tel. 8294717699, Mo.–Fr. 17–24, Sa./So. 14–24 Uhr. Einladender Food Park in zentraler Lage mit verschiedensten Optionen von Burgern über Tacos bis Pizza.

18 Dunas de Baní ★★★ [G8]

Ein Hauch von Namibia

Eine beeindruckende **Dünenlandschaft**, auch bekannt als **Dunas de Las Calderas**, zieht sich über eine Länge von rund 15 km entlang der kleinen Halbinsel **Las Calderas.** Das Gebiet ist offiziell als **Naturdenkmal** anerkannt. Die **Flora** umfasst Bäume aus der Familie der Bittereschengewächse, Akazien und verschiedene Kakteen. Bis zu 35 m hoch türmt sich der Sand auf, von oben bietet sich somit ein **fantastischer Ausblick** über die Bucht von Las Calderas und den Strand bis hinaus auf das offene Meer.

Wer Action sucht, der kann für 200 RD$ ein **Sandboard** ausleihen und die Dünen hinabgleiten. Mit ein wenig Glück läuft einem sogar ein **Nashornleguan** über den Weg. Diese sind im **Schutzgebiet** heimisch. Gleiches gilt für Vögel wie den Flamingo, aber auch für Reiher und Möwen.

Tipp: Ausreichend **Trinkwasser** und **Sonnenschutz** mitnehmen – Schattenplätze sind rar.

› **Anfahrt:** Das Busterminal Los Campos befindet sich in Baní 17 an der Carr. Máximo Gómez, Ecke C. Salomé Ureña. Ein Zubringerbus *(guagua)* startet an der Apotheke Santa Ana in der C. Mella am Park. Die *guaguas* fahren ca. alle 40 Min. (100 RD$). Ein Taxi von Baní zu den Dünen kostet ca. 800 RD$ (einfache Strecke) oder ca. 2000 RD$ inkl. 1 Std. Wartezeit.

› Las Calderas, tägl. 8–17 Uhr, Eintritt: 100 RD$

Ein Nashornleguan flitzt über die Dunas de Baní

Rustikaler Charme in den Salinas de Baní

19 Salinas de Baní ★★ [G8]

Die weitläufige **Salzgewinnungsanlage** sichert vielen Familien aus der Umgebung das Einkommen. Bei Reisenden ist sie vor allem als **Fotomotiv** beliebt: Am frühen Morgen und am späten Nachmittag entstehen rund um die **Salzbecken** traumhafte Lichteffekte. So leuchtet das Wasser bisweilen in sattem Pink. Die Saline ist noch in Betrieb und bietet einen spannenden Einblick in den traditionellen Salzabbau, wie er hier nach wie vor praktiziert wird: Das Salz wird von Hand in die Loren (kleine Wagen) geschaufelt und anschließend mit einer kleinen Lok und Seilwinde fortbewegt. Wie hart diese Arbeit bei karibischen Temperaturen und in der prallen Sonne ist, kann man sich gut vorstellen.

Die fotogenen **Holzhäuschen** im vorderen Teil der Anlage sind ein „Überbleibsel" der Filmproduktion „xXx: Die Rückkehr des Xander Cage" mit Vin Diesel in der Hauptrolle. Seine Flucht zu Beginn des Films wurde hier gedreht.

- **Anfahrt:** s. Dunas de Baní 18, dann bis zum Park in Las Salinas weiterfahren. Wichtig: Die letzte *guagua* zurück nach Baní 17 verlässt den Park um 18 Uhr.
- Las Calderas, frei zugänglich, Eintritt frei, manchmal fragt ein wachhabender Arbeiter nach einer kleinen Spende (50–100 RD$)

20 Küstenabschnitt Barahona ★★ [D8]

Wenn von Barahona als Reiseziel die Rede ist, dann nimmt man meist auf den gesamten, rund 50 km langen **Küstenabschnitt** Bezug, der von der **Hafenstadt Santa Cruz de Barahona** bis nach **Enriquillo** [D9] kurz vor dem Nationalpark Jaragua reicht.

Es fällt schwer, sich nicht in diese reizvolle Region zu verlieben. Die Dominikaner nennen den Landstrich südlich von Barahona **Sur profundo** („Tiefer Süden"). Dieser reicht sogar bis zur Stadt Pedernales [B8] an der Grenze zu Haiti. Barahona selbst ist touristisch betrachtet eher unscheinbar.

026id-th

027id-th

Strände

Die stadtnahen Strände sind eher zu vernachlässigen. Alle nachfolgend aufgezählten haben einige Gemeinsamkeiten: Sie sind überwiegend steinig, also **Kiesstrände**, der **Wellengang** erfordert Schwimmsicherheit und am Wochenende bzw. an Feiertagen wird es dort sehr voll.

- **Playa El Quemaito:** ca. 10 km südlich von Barahona. Der Strand wurde erst kürzlich saniert und mit schönen Holzkiosken, Sitzgelegenheiten, Sonnenschirmen sowie Toiletten ausgestattet. Einfache Restaurants und Bars verkaufen Speisen und Getränke. Der Strand ist durch seinen flachen Zugang zum Meer durchaus zum Baden geeignet.
- **Playa San Rafael:** ca. 28 km südlich von Barahona. Der Strand zeichnet sich durch eine Besonderheit aus, und zwar einen Fluss, der aus dem bergigen Hinterland kommt, durch mehrere kleine Pools fließt und diese mit frischem Süßwasser füllt. Einfache Restaurants versorgen die Badegäste.
- **Playa Los Patos:** bei Los Patos, ca. 40 km südlich von Barahona. Dies ist der wohl beliebteste Strand dieser Gegend. Zahlreiche Restaurants servieren vor allem fangfrischen Fisch. Der breite, sehr langsam fließende Fluss bietet die Möglichkeit, dort in aller Ruhe zu baden, bevor er schließlich ins Meer mündet.

Infos und Reisetipps

- **Anfahrt:** Zwischen Santo Domingo und Barahona verkehrt Caribe Tours (s. S. 130), Fahrpreis 450 RD$. Ab Baní 17 kann man an der Hauptstraße Carr. Sánchez den Expreso nach Barahona nehmen. Dieser hält auf Handzeichen und kostet 300 RD$.
- **Stadtverkehr und Ausflüge:** Innerorts sind *motoconcho* und *pámpara* gebräuchlich. Die *guaguas* in Richtung Süden halten an der Av. Luis E. del Monte, Ecke C. 30 de Mayo. Es empfiehlt sich, stets abzuklären, ob der jeweilige Bus zum gewünschten Ziel fährt, denn es gibt unterschiedliche Endhaltestellen. Die Fahrt zur Playa El Quemaito (s. links) kostet z. B. 100 RD$, zur Playa Los Patos sind es 150 RD$.

Fischerboote am Strand von Los Patos südlich von Barahona 20

› **Busse nach Santo Domingo:** Überlandbusse von Caribe Tours, Abfahrt in der C. José Francisco Peña Gómez, Ecke C. Anacaona; alternativ Busse von Sinchomiba, Abfahrt vom Busterminal an der Hauptstraße, gegenüber der Plazoleta Juan Pablo Duarte

Unterkünfte

› **Eco-Villa Coral Garden** €-€€ <50> Carr. Barahona – Paraíso, Km 17, El Arroyo, Tel. 8094638222, www.ecovillacoralgarden.com. Kleine Pension mit attraktiven Zimmern. Idyllischer tropischer Garten mit kleinem Meerwasser-Pool. Die spanische Gastgeberin Marián ist sehr hilfsbereit und bietet Touren zu fairen Preisen an. Für Ausflüge zur Larimar-Mine (21) und zum Balneario La Plaza (22) ist diese Unterkunft optimal gelegen.

› **Hotel Loro Tuerto** € <51> Av. Luis E. del Monte 33, Barahona, Tel. 8095246600, www.lorotuerto.com. Kleines, zweckmäßiges Hotel in zentraler Lage. Zimmer mit A/C. Einladende Bar und großer Innenhof mit Sitzgelegenheiten und Hängematten. Sehr hilfsbereite Mitarbeiter.

Essen und Trinken

› **Cafetería La Esquina de Fidel** € <52> C. Duvergé, Barahona, Tel. 8095241760, tägl. 8–24 Uhr. Traditionsreiches Lokal mit großer Auswahl an schmackhaften Sandwiches und Fleisch vom Grill.

› **D' Chovi** €€ <53> Av. Luis E. del Monte, Barahona, Tel. 8098793708, tägl. 7–24 Uhr. Abwechslungsreiche Küche in einem schönen Innenhof.

› **Foodtopia Food Park** €-€€ <54> C. General Santiago Peguero, Barahona, https://linktr.ee/foodtopiard, tägl. 12–24 Uhr. Food Park mit freundlicher Atmosphäre und vielseitigem Speisenangebot.

› **Restaurante Dilcia** € <55> Carr. Barahona – Paraíso, El Arroyo, ab Mittag bis zum frühen Abend. Einfaches, kleines Restaurant, in dem meist zwei oder drei Gerichte verfügbar sind, darunter Fisch oder Meeresfrüchte. Die Öffnungszeiten sind flexibel, da das Lokal an einen Privathaushalt angeschlossen ist. Sehr gutes Preis-Leistungs-Verhältnis.

Einkaufen

› **Supermarket Everest** <56> C. Padre Billini, Ecke C. Anacaona, Barahona, Mo.–Sa. 8–20, So. 8–14 Uhr. Gut sortierter Supermarkt.

Nachtleben

› **Cocco Bongo** <57> C. Ntra. Sra. del Rosario, Ecke C. Padre Billini, Barahona, Mo.–Sa. 20–4, So. 20–24 Uhr. Beliebte Disco mit langen Öffnungszeiten, gelegentlich Auftritte bekannter Künstler.

(21) Larimar-Mine ★ [D8]

Auf der Jagd nach dem **blauen Gold:** Der **türkis-blaue Edelstein** namens Larimar ist eine seltene Variante des Minerals Pektolith. Er wird zu **Schmuckstücken** in den unterschiedlichsten Formen verarbeitet. **Vorsicht:** Als ungeschliffener Rohling darf Larimar nicht außer Landes gebracht werden (s. S. 116). Unbestritten ist, dass der Schmuckstein weltweit nur hier vorkommt, im **Nebelwald der Sierra de Bahoruco.**

Die Mine lässt sich nur im Rahmen einer **geführten Tour** besichtigen – es gibt lokale, gut vernetzte **Guides**, die hierfür ihre Dienste anbieten. Die beiden Brüder Gabi und Aris Medina (s. Geführte Tour S. 38) sind besonders empfehlenswert. Für Reisende, die gern hinter die Kulissen schauen, ist dieser Ausflug eine besondere Erfahrung. Rund um die Mine ist ein ganzer Mikrokosmos entstanden, mit eigenen *colmados*, Tischlern, Köchinnen und eigenen Regeln, die den Umgang der einzelnen Betreiber und

Minenarbeiter untereinander und mit dem wertvollen Fund festlegen. Beim Blick in einen der **Minenschächte** wird schnell klar, wie hart und riskant diese Arbeit ist. Schon nach wenigen Metern macht sich der Sauerstoffmangel bemerkbar.

Bereits die **Anfahrt** zur Mine ist abenteuerlich, denn es geht entweder im **Geländewagen** oder auf einer **Enduro,** einem Geländemotorrad, über unbefestigte Straßen steil bergauf. Die Guides sind aber hervorragende Fahrer.

Einen Überblick über den Schmuckstein bietet auch das **Museo del Larimar** (s. S. 20) in der Inselhauptstadt Santo Domingo.

› **Geführte Tour:** Buchung via Tel. 8293641036 (Gabi) und 8293854296 (Aris), Preis je Tour mit dem Enduro: 3000 RD$ pro Person (bei 1–2 Pers.). Wer lieber etwas komfortabler in einem Jeep mit Vierradantrieb unterwegs ist, der bezahlt 3500 RD$ mehr (bei 2 Pers. jeweils die Hälfte). Kommen mehrere Teilnehmer zusammen, wird die Tour automatisch in einem Geländewagen durchgeführt. Die Anfahrt sollte man im Vorfeld mit dem Guide absprechen.

22 Balneario La Plaza ★★★ [D8]

Spritziges Abenteuer im Nebelwald

Das Balneario La Plaza (*balneario* = Badestelle) in der **Sierra de Bahoruco** gehört zweifellos zu den **reizvollsten Badestellen** in der Dominikanischen Republik. Es lässt sich allerdings angesichts seiner **versteckten Lage** nur im Rahmen einer **geführten Tour** mit einem erfahrenen **Guide** entdecken.

Bei einer wilden, knapp 30-minütigen **Anfahrt** – ähnlich wie bei der Larimar-Mine 21 – geht es auf einer **Enduro** (Geländemotorrad) oder im **Jeep mit Geländeantrieb** steil hinauf in den Nebelwald. Am Holztor zum Balneario angekommen, bricht man zu einer halbstündigen geführten **Wanderung** auf – eine abenteuerliche Streckentour für trittsichere Wanderer, die nasse Füße nicht scheuen. **Festes Schuhwerk** ist unbedingt nötig, entweder stabile Sportschuhe oder Wasserschuhe mit Profil. Mehrere Wegabschnitte verlaufen direkt im Fluss. Anfangs ist der Weg recht breit und man bewältigt den ersten Anstieg. Der abwechslungsreiche Pfad schlängelt sich **flussaufwärts** durch den Nebelwald, meist hört man in unmittelbarer Nähe den Fluss rauschen. Hin und wieder führt der Weg auch durch den Fluss. Je näher man dem Ziel kommt, desto tiefer wird es. Zuletzt müssen einige Hindernisse im Wasser überwunden werden, bevor man das Ziel erreicht: einen paradiesischen, türkisfarben glitzernden **Naturpool**, der von mächtigen Felsen eingerahmt ist. Das **kalte, glasklare Wasser** ist einfach herrlich und lädt zu einem erfrischenden Bad ein. Nach etwa einer Stunde im kühlen Nass tritt man den Rückweg an. Insgesamt legt man ca. 2,5 km zurück, die reine Gehzeit beträgt ca. 60 Min.

› **Geführte Tour:** nur mit Guide möglich, siehe Infos bei Larimar-Mine 21

23 Lago Enriquillo ★★★ ✿ [C6]

Die Badewanne der Krokodile

Der **Salzwassersee** hält gleich zwei Rekorde: Er ist mit einer Fläche zwischen 240 und 265 km² – je nach Wasserstand – der **größte See der Antillen** und außerdem der **tiefste Punkt der Karibik,** liegt er doch ca. 40 m unter dem Meeresspiegel. Der See unterliegt einer konstanten Veränderung, weshalb auch die Angaben variieren. Entstanden ist er durch Schwemmsand aus Flüssen der Region, der den einstigen Meeresarm abtrennte. Der **Name** „Enriquillo" geht zurück auf den letzten Häuptling der indigenen **Taínos** (s. S. 40). Er versteckte sich in der Umgebung des Sees vor den Spaniern.

Im **Nationalpark** leben **Flamingos,** endemische **Nashornleguane** und **Spitzkrokodile.** Letztere können eine Körperlänge von 4 bis 7 m erreichen, halten sich überwiegend auf der kleinen Insel **Isla Cabritos** in der Mitte des Sees auf und sind eher selten in Ufernähe zu beobachten. Ein landschaftliches Highlight ist der **Versunkene Wald,** ein Waldstück, das durch den Anstieg des Wasserspiegels zur Hälfte im Wasser steht – ein surreales Bild.

Der **Uferbereich** ist **frei zugänglich,** lediglich für die verschiedenen **Bootstouren** gelten die unten genannten Zeiten und der fällige Eintritt. In einem Boot finden ein bis zehn Personen Platz. Man hat die Wahl zwischen drei Tourvarianten, die u. a. Vogel- und Krokodilbeobachtung beinhalten.

› **Anfahrt:** Die Anreise erfolgt über die kleine Stadt Neyba [C6]. Für die Fahrt von Barahona ⑳ nach Neyba nutzt man eine *guagua* (200 RD$, knapp 2 Std.), Abfahrt ist in der Av. Luis E. del Monte, Ecke C. 30 de Mayo (neben Ferretería Medina). Von Neyba fährt eine *guagua* nach La Descubierta [B6] (150 RD$), Abfahrt ist in der Av. Apolinar Perdomo, Ecke C. Duarte (neben dem Supermarkt). Am besten steigt man am Eingang zum Nationalpark aus. Alternativ kann man von Neyba eine pámpara nutzen (1500 RD$).
› **Bootstouren:** tägl. 8–14 Uhr, Eintritt Nationalpark: 150 RD$ (ab 12 Jahren), Bootspreise: kleine Tour zur Beobachtung von Vögeln und Krokodilen 2000 RD$, mittlere Tour zusätzlich mit Besuch des Versunkenen Waldes 3000 RD$, große Tour zusätzlich mit Besuch der Isla Cabritos 5000 RD$

㉔ Las Caritas de los Indios ★★ [B6]

Wer den Lago Enriquillo ㉓ besucht, der sollte diese historische Stätte auf keinen Fall verpassen. Übersetzt bedeutet der Name „Die Gesichter der Indios". Die mysteriöse **Felsformation** befindet sich nur einen Kilometer vom Eingang zum Nationalpark des Salzsees entfernt, direkt an der Hauptstraße. Nach einem kurzen **Aufstieg** lassen sich an den eindrucksvollen Felsen unzählige **Petroglyphen** (Felsgravuren) aus der Zeit der **Taínos** (s. S. 40) entdecken. Außerdem wird man mit einem **herrlichen Ausblick** auf den tiefer gelegenen Salzsee belohnt. Der Lago Enriquillo und Las Caritas gelten als finaler Rückzugsort des letzten Taíno-Häuptlings Enriquillo im langjährigen Kampf gegen die Spanier.

› **Anfahrt:** siehe Lago Enriquillo ㉓, Ausstieg 1 km vor dem Nationalpark an der Infotafel

Unterkunft

Beim Besuch der Attraktionen Lago Enriquillo ㉓ und Las Caritas de los Indios ㉔ empfiehlt sich eine Übernachtung in **Neyba** [C6], da es sonst mit der Rückreise nach Barahona ⑳ sehr spät werden kann.

› **Las Marías de Neyba** € <58> Carr. Neyba – Galvan, ca. 4 km östlich von Neyba, Tel. 8097100791, https://las-marias-de-neyba.negocio.site. Einfache, aber komfortable Zimmer (A/C, TV) im hinteren Teil. Im vorderen Bereich gibt es ein Restaurant samt Bar direkt an einem großen Naturpool, der von einer unterir-

Das reiche Erbe der Taínos

Die Taínos erreichten Hispaniola bereits im 1. Jh. n. Chr. Vom heutigen Venezuela aus gelangten sie über die kleinen Antillen und Puerto Rico hierher. Sie nannten das Eiland Quisqueya („Mutter Erde") und Aíti („Bergland"). Taíno steht für „kluger, guter Mensch" und in der Tat besaßen die Taínos im Vergleich zu den ersten Siedlern, den Siboney (auch Ciboney) – mehrheitlich Jäger und Sammler – eine hoch entwickelte Kultur und Lebensweise. Taínos waren handwerklich geschickt. Das Holz aus den üppigen Wäldern nutzten sie, um Hütten und Kanus zu bauen. Außerdem töpferten sie Schüsseln und Krüge, flochten aus Baumwolle die heute weltbekannten Hängematten und schufen Werkzeuge und Waffen wie Äxte und Speere. Die Kaziken (Häuptlinge) schmückten sich mit kunstvoll hergestelltem Schmuck aus Gold. Ihre Gesellschaft war komplex: Jeder Stamm wurde von einem Kaziken regiert, der wiederum von einem Ältestenrat und einem Medizinmann unterstützt und beraten wurde. Feste und Rituale zu Ehren der Naturgötter hatten einen hohen Stellenwert.

Um 1500 bemühte sich die Kazikin **Anacaona** (1464–1504) darum, den seit 1492 aufkeimenden Konflikt mit den spanischen Konquistadoren friedlich beizulegen. Nach einem großen Aufstand unter ihrer Führung im Jahr 1503 wurde sie jedoch ein Jahr später in Santo Domingo öffentlich hingerichtet. In der Folge wurde das friedliche Volk durch Sklaverei systematisch dezimiert, viele Taínos starben jedoch an Krankheiten, die die Europäer eingeschleppt hatten und gegen die sie keine Abwehrkräfte besaßen. 15 Jahre nach Anacaonas Tod, im Jahr 1519, führte der legendäre Kazike **Enriquillo** (um 1498–1535) sein Volk in einen 14 Jahre andauernden, unerbittlichen Kampf gegen die spanische Übermacht. Die Spanier gaben 1533 nach und gewährten den verbliebenen ca. 500 Taínos Freiheit. Enriquillo gilt deshalb als erster Freiheitskämpfer Amerikas.

Das Erbe der Taínos ist noch heute überall im Land lebendig, man kann es sehen, hören und sogar schmecken. So kultivierten sie etwa Maniok und stellten daraus den bis heute beliebten „Casabe" her, einen dünnen, gebackenen Fladen. Ihre kunstvollen Piktogramme und **Petroglyphen (Felsgravuren)** sind in zahlreichen Höhlen und an Felsen im ganzen Land zu finden, etwa in der Cueva de las Maravillas 11 und der Felsformation Las Caritas de los Indios 24. Die Taínos wohnten aber nicht in den Höhlen, sondern nutzten diese lediglich für Feierlichkeiten und religiöse Rituale. Kanu („canoa") und Hängematte („hamaca") gehen sowohl als Gegenstand an sich, als auch sprachlich auf die Taínos zurück. Taíno-Wörter wie „ají" (Paprika), „maíz" (Mais), „huracán" (Hurrikan), „tiburón" (Hai) und „iguana" (Leguan) sind bis heute fester Bestandteil der spanischen Sprache.

028id-th

Petroglyphen in einer Höhle im Parque Nacional Los Haitises 58

dischen Quelle gespeist wird. Empfehlenswert nur unter der Woche, denn am Wochenende lockt das kalte, glasklare Wasser viele Badegäste an.

Essen und Trinken

- **Restaurante Cibus** € <59> Av. Apolinar Perdomo, Neyba, Tel. 8293537647, https://linktr.ee/cibusbistro, tägl. 8–23 Uhr. Restaurant mit gutem Speisenangebot von Fleisch, Fisch und *mofongo* (karibischer Kloß) bis zu Fajitas sowie behaglichem Innenhof.

25 Laguna de Oviedo ★★ [C9]

Der **Salzwassersee** Lago de Oviedo, meist als Laguna de Oviedo bezeichnet, liegt im **Nationalpark Jaragua** relativ küstennah an der Südspitze der Insel. Er ist nach dem Lago Enriquillo 23 der **zweitgrößte See** der Dominikanischen Republik.

Neben einem **Aussichtsturm**, der einen reizvollen Blick auf den See gewährt, lässt sich der See auch per **Bootstour** erkunden. Es stehen verschiedene Varianten zur Wahl, die zwischen einer und zwei Stunden dauern. Ein Boot kann bis zu fünf Passagiere aufnehmen. Die Ausflüge eignen sich bestens zur **Vogelbeobachtung.** Vor allem die hier lebenden **Flamingos** ziehen viele Besucher an.

- **Anfahrt:** per *guagua* von Barahona 20 aus. Die *guaguas* nach Pedernales passieren die Lagune (Ausstieg möglich), Abfahrt an der C. José Francisco Peña Gómez, Ecke C. 30 de Mayo. Die *guaguas* nach Oviedo fahren auf der anderen Straßenseite schräg gegenüber ab (350 RD$).
- tägl. 6–18 Uhr, Eintritt: 150 RD$, **Bootstouren:** 1500–4500 RD$ pro Boot für 1–5 Pers.

Pedernales [B8]

Die kleine Stadt liegt im äußersten Südwesten der Dominikanischen Republik, an der **Grenze zu Haiti.** Es geht recht lebhaft zu, die Stimmung ist dennoch überraschend entspannt und wohltuend. Ein feinsandiger **Strand** erstreckt sich am südlichen Stadtrand an der Uferpromenade **Malecón,** und ist bestens zum Baden geeignet. Für Reisende ist Pedernales aber primär als **Zwischenstation** auf dem Weg nach Cabo Rojo 26 und zur Bahía de las Águilas 27 interessant.

Flugstart zweier Flamingos in der Laguna de Oviedo

029id-th

Infos und Reisetipps

- **Anfahrt ab Santo Domingo:** Abfahrt am Busterminal in der Av. Teniente Amado García, Ecke Av. 27 de Febrero (ca. 7 Std., 700 RD$)
- **Anfahrt ab Barahona** (20): per *guagua* ab C. José Francisco Peña Gómez, Ecke C. 30 de Mayo (ca. 3 Std., 350 RD$)
- **Haltestelle in Pedernales:** C. Santo Domingo, Ecke Av. 27 de Febrero (für alle Busse)
- **Flüge Pedernales – Santo Domingo:** Mo. und Fr., Flugpreis ca. 60 US$ (saisonabhängig), Details und Reservierung via E-Mail unter pedernales@rep-air.net

Unterkunft

- **Vista de Águilas Ecolodge** €€-€€€ <60> C. 16 de Agosto 27, Tel. 8492458774, www.vistadeaguilasecolodgerd.com. Attraktives Hotel mit Pool im Innenhof, größtenteils aus natürlichen Materialien erbaut. Zur Wahl stehen geschmackvoll eingerichtete Zimmer mit A/C. Mit angeschlossenem Restaurant.

Essen und Trinken

- **El Navio Bar and Seafood** €€-€€€ <61> Playa de Pedernales (Malecón), Tel. 8498836900, tägl. 7–24 Uhr. Elegantes, kleines Restaurant direkt am Strand. Entspannte Atmosphäre und traumhafte Sonnenuntergänge. Fokus auf Fisch und Meeresfrüchte, aber auch Alternativen.

(26) Cabo Rojo ★★ [B9]

Cabo Rojo ist sozusagen das „Vorzimmer" zur Bahía de las Águilas (27) – von hier starten die **Boote** zu dem abgelegenen Bilderbuchstrand. Doch muss sich Cabo Rojo nicht verstecken: Auch hier erstrecken sich **feinsandige Strände** am türkisfarbenen Meer. Zwar ist der Übergang ins Wasser an manchen Stellen wegen der hier vorkommenden **Steinkorallen** etwas holprig, doch das ist angesichts der landschaftlichen Schönheit wohl eher Jammern auf hohem Niveau.

Rund um den Felsüberhang **Cueva de los Pescadores** gibt es zwei **Campingplätze** mit Glamping-Angebot und eine rustikale Ecolodge, außerdem einige **Restaurants**.

In Cabo Rojo starten die Boote zur Bahía de las Águilas

047id-th

› **Anfahrt:** ab Pedernales [B8] per *moto-concho* (ca. 1500 RD$) oder Taxi (ca. 2000 RD$). Die Preise haben Verhandlungsspielraum. Die Straße nach Cabo Rojo ist weitestgehend unbefestigt und staubig, daher ist das Taxi die bessere Option.

› **Glamping Cueva de las Águilas** €€ <62> Carr. Bahía de las Águilas, Tel. 8492458774, www.cuevadelasaguilasrd.com. Abenteuerliches Glamping direkt am Strand. Große Zelte mit bequemen Betten und Ventilatoren. Toiletten und Badezimmer zur Gemeinschaftsnutzung. Lange, leichte Kleidung ist für abends empfehlenswert. Insektenschutzmittel unbedingt notwendig. Ein Restaurant mit Meerblick gehört zum Areal.

27 Bahía de las Águilas ★★★ [B9]

Karibikfeeling in Reinform

Der weiße, feinsandige **Bilderbuchstrand** in der „**Bucht der Adler**“ gilt als einer der schönsten der Welt. Er schmiegt sich über knapp 6 km in die einsame Bucht, die auch deshalb einen so unberührten Eindruck vermittelt, weil sie Teil des **Nationalparks Jaragua** ist. Der Strand fällt flach in das türkis schimmernde Wasser ab und das Wasser ist meist außergewöhnlich ruhig. Zu den exotischen Bewohnern dieser einzigartigen Landschaft gehören **Meeresschildkröten** und **Seekühe**, außerdem stellen die Korallenriffe und Seegraswiesen einen wichtigen Lebensraum für eine Vielzahl kleinerer Meeresbewohner dar.

Schatten gibt es kaum, ebenso wenig Restaurants. **Essen und Getränke** müssen also mitgenommen werden –

048id-th

Abendstimmung im Glamping Cueva de las Águilas

außer sie sind bei einer **gebuchten Tour** inklusive. So hat beispielsweise **Glamping Cueva de las Águilas** (s. links) in Cabo Rojo 26 verschiedene Ausflugsvarianten im Angebot, bestehend etwa aus Übernachtung und Bootsfahrt. Auf dem Gelände des Glampings befindet sich auch ein Anbieter für **Tauchgänge** in der Bucht.

Es ist auch möglich, die **Bootsfahrt** ab Cabo Rojo individuell zu organisieren. Die Bucht ist zudem über Land auf einer Staubpiste erreichbar, und zwar über die in Richtung Süden verlaufende **Carretera Bahía de las Águilas.**

› **Anfahrt per Boot:** Hinter dem letzten Restaurant und dem großen Parkplatz am südlichen Ende von Cabo Rojo 26 liegen die Boote vor Anker. Für 3000 RD$ kann man ein eigenes Boot mit Kapitän anheuern. Wer etwas Zeit mitbringt, der kann alternativ versuchen, sich gegen Übernahme eines Teils der Kosten einer anderen Gruppe anzuschließen.

› **Tipp:** Es ist auch möglich, den Strand im Rahmen einer **Tagestour von Pedernales** [B8] aus zu besuchen. Dazu sollte man einen guten Deal mit einem *motoconcho* oder Taxi aushandeln.

› **Tauchgänge:** buchbar über www.buceopedernales.com

Das Landesinnere

Das Landesinnere ist extrem vielseitig. Für touristische Zwecke lässt es sich auf zwei Hauptgebiete eingrenzen: die bergige **Cordillera Central (Zentralkordillere)** und das weite **Valle del Cibao (Cibao-Tal)**.

Das Klima in diesem Teil des Landes ist angenehm: Selbst in der Großstadt **Santiago** 28 ist es in der Regel einige Grad kühler als an der Küste.

Die kleine Stadt **Moca** 30 im flachen Cibao-Tal lockt mit Kultur und Geschichte. **Jarabacoa** 32, mitten in der Zentralkordillere gelegen, ist bekannt für seine Flüsse, Wasserfälle und Abenteueraktivitäten. Eine Trekkingtour auf den **Pico Duarte** 36, den höchsten Gipfel der Karibik, ist dabei die Königsdisziplin. Das nahe gelegene **Constanza** 37 ist wiederum ein Ruhepol inmitten einer atemberaubenden Landschaft. Im „Gemüsegarten" des Landes herrscht eine geruhsame Atmosphäre.

Von Constanza ist es nicht weit bis zum **Parque Nacional Valle Nuevo** 39. Das traumhafte Hochtal ist der kälteste Ort der Karibik und erreicht im Winter teils Temperaturen um den Gefrierpunkt. Dementsprechend ist ein Bad am dortigen Wasserfall **Salto de Aguas Blancas** 38 eine erfrischende Mutprobe. Deutlich wärmer wird es, sobald man sich der Nordküste nähert, wo die **Cordillera Septentrional** das Cibao-Tal vom Atlantik trennt. Hier bieten **Flusswanderungen und Canyoning** (s. S. 87) Gelegenheit zur Abkühlung. Besonders beliebt sind hierfür die Wasserfälle und Naturschwimmbecken der **27 Charcos de Damajagua** 41. In den türkisfarbenen Naturpools der **Charcos de los Militares** 40 bei Tubagua geht es hingegen weitaus ruhiger zu.

28 Santiago de los Caballeros ★★★ [F3]

Die „Stadt des Herzens" lockt im grünen Cibao-Tal.

Die **zweitgrößte Stadt** des Landes wird meist nur kurz **Santiago** genannt. Ihr Spitzname lautet **Ciudad Corazón** („Stadt des Herzens"), den sie dank ihrer zentralen Lage inmitten des weiten Cibao-Tals erhielt. Der Namenszusatz „de los Caballeros" geht auf die ersten Siedler zurück – 30 Ritter *(caballeros)* vom Santiago-Orden.

Die Stadt, die schon 1495 gegründet wurde, ist heute ein wichtiges **wirtschaftliches, kulturelles und politisches Zentrum** der Dominikanischen Republik und Hauptstadt der gleichnamigen Provinz. Trotz der ca. 850.000 Einwohner macht Santiago einen vergleichsweise ruhigen und organisierten Eindruck. Lediglich der **Straßenverkehr** hat mittlerweile Ausmaße angenommen, die sonst nur aus Santo Domingo bekannt sind.

Das **Wahrzeichen** der Stadt ist das riesige, 67 m hohe **Monumento a los Héroes de la Restauración**, kurz Monumento genannt, das auf einem von einem Park umgebenen Hügel im Stadtzentrum thront. Es stammt aus dem Jahr 1944 und erinnert an den Restaurationskrieg der Dominikaner (1863–1865). Im Inneren befinden sich eine **Kunstausstellung** und einige Exponate mit Bezug zur Kultur der Stadt. Von der **Aussichtsplattform** bietet sich ein fantastischer 360-Grad-Blick über Santiago.

Sehenswert ist ferner das Kulturzentrum **Centro León**. In drei Ausstellungsräumen wird ein interessanter Überblick über die Themen Geografie, Kultur, Historie und Kunst geliefert. Auch die bemerkenswerte Geschichte der **Familie León Jimenes**, eine der wohlhabendsten des Landes und Gründer des Museums, findet Erwähnung.

Die hübsche **Catedral de Santiago Apóstol** steht direkt am Parque Duarte und ist einen Besuch bzw. Blick wert – leider ist sie außerhalb der Gottesdienste häufig geschlossen. Sehenswert ist ferner die **Fortaleza San Luis.** Die historische Festungsanlage beherbergt Museen und Ausstellungen.

Das Stadtviertel **Los Pepines** hat sich mittlerweile zu einer Art **Open-Air-Galerie für Street-Art** entwickelt. Viele Motive haben einen kulturellen Hintergrund. Die meisten Werke finden sich in der Calle Dr. Eldon. Ganz in der Nähe, in der Calle Cuba, Ecke Calle Archille Michel, verwandelt sich die Straße jeden **Sonntag** in eine große Partymeile, wenn bei **El Son de Keka** zum Tanz gebeten wird: Dominikanische Lebensfreude trifft hier auf kubanische Rhythmen.

Santiago und das Cibao-Tal sind ferner weltbekannt für ihren **Tabak** und hochwertige **Zigarren** (s. S. 102).

› **Monumento a los Héroes de la Restauración** <63> C. Daniel Espinal, https://museosrd.gob.do/museos/monumentos-a-los-heroes-de-la-restauracion, Di.–So. 10–17.45 Uhr, Eintritt: 100 RD$

› **Centro Cultural Eduardo León Jimenes (Centro León)** <64> Av. 27 de Febrero 146, Tel. 8095822315, www.centroleon.org.do, Di.–So. 10–19 Uhr, Eintritt: 150 RD$

› **Fortaleza San Luis** <65> C. Vicente Estrella, Tel. 8092262029, www.fortalezasanluis.org, Mo.–Sa. 10–17 Uhr, Eintritt frei

Das Monumento a los Héroes de la Restauración thront über Santiago

29 Tabacalera La Aurora ★ [F2]

Für **Zigarrenliebhaber** und all jene, die etwas über den Tabakanbau und die Herstellung von Premium-Zigarren lernen möchten, ist die Tabakfabrik La Aurora, die am Stadtrand in der Freihandelszone von Tamboril gelegen ist, mit Sicherheit ein absolutes Muss. Im Rahmen einer **kostenfreien Führung** lassen sich die Räumlichkeiten des **ältesten dominikanischen Zigarrenherstellers** erkunden. Von Anbau und Ernte über die korrekte Lagerung und Reifung bis zur hohen Kunst des Rollens – diese Tour bietet einen

030id-th

spannenden Einblick in den gesamten **Herstellungsprozess**, inklusive einer **Kostprobe.** Der Guide Eugenio ist sehr unterhaltsam und spricht neben Englisch auch ein wenig Deutsch. Der angrenzende **Laden** bietet die gesamte Produktpalette der beiden Marken León Jimenes und La Aurora zum Kauf an.

› Av. Tamboril-Santiago, Parque Industrial Tamboril, Anfahrt per Uber, Tel. 8095751903, www.laaurora.com.do, Mo.-Fr. 8-17 Uhr, Eintritt frei

Mein Tipp

Glamping hoch über Santiago

Im **bergigen Hinterland von Santiago** 28 gibt es einige besondere Unterkünfte. Nur wenige Minuten von der Stadt entfernt liegt das **Glampingareal** von **Tent Mirador.** Man schläft in einem behaglichen Zelt. Der großzügige Außenbereich besitzt Tische und Sitzgelegenheiten, eine Hängematte und eine kleine Außenküche inkl. Grill. Trotz der Nähe zur Stadt fühlt man sich sehr naturnah. Es gibt eine nachhaltige Wassernutzung und Solarstrom. Nahe gelegene Restaurants und *colmados* bieten einen Lieferservice.

› **Tent Mirador** €€ <68> Carr. Jacagua Arriba, Tel. 8299350335, www.tentmirador.com

Noch etwas weiter entfernt, in der Gemeinde Palo Alto, findet sich eine weitere Option: **El Nido Mountain Glamping.** Die kleinen Holzbungalows sind sehr wohnlich eingerichtet, verfügen über einen Balkon und ein eigenes Bad. Eine bestens ausgestattete Gemeinschaftsküche steht zur Verfügung und der abendliche Blick auf Santiago und das Cibao-Tal ist atemberaubend.

› **El Nido Mountain Glamping** €€ <69> Palo Alto, Tel. 8097906200, www.elnidord.com

Infos und Reisetipps

› **Anfahrt ab Santo Domingo und Puerto Plata** 46: komfortable Busse von Caribe Tours (s. S. 130). Ankunft am zentral gelegenen Busterminal Los Jardines in Santiago. Die Fahrt von Santo Domingo dauert ca. 2½ Std. und kostet 350 RD$.

› **Anfahrt ab Samaná:** Von Santa Bárbara de Samaná 56, Las Terrenas 65, El Limón [K3] und Las Galeras 59 verkehren Busse nach Santiago, Letztere allerdings nur 1- bis 2-mal pro Tag.

› **Stadtverkehr:** Innerhalb der Stadt ist Uber das beste Transportmittel.

Unterkünfte

› **Palmetto Hotel** €-€€ <66> Av. Juan Pablo Duarte, Ecke C. Puerto Rico, Tel. 8092414821, über Buchungsportale buchbar. Zentral gelegen, funktionale Zimmer mit A/C, kleines Frühstück auf der Dachterrasse.

› **W Hostel Santiago Backpackers & Guesthouse** € <67> C. Del Sol 13, Tel. 8097240777, www.whostal.com. Gemütliches Hostel mit günstigen Betten in kleinen Schlafsälen, aber auch Privatzimmern mit eigenem Bad. Zentrale Lage in unmittelbarer Nähe zum Monumento.

Essen und Trinken

› **El Café de la Abuela** € <70> C. E. León Jimenes 24, Tel. 8098941290, tägl. 7.30-22 Uhr. Stilvolles Café mit tollem Service. Kaffeespezialitäten, Frühstück, Snacks und kleine Gerichte (z. B. Hamburger). Sehr entspannte, einladende Atmosphäre.

› **El Tablon Latino** €€ <71> C. Del Sol 12, gegenüber dem Monumento, Tel. 8095813813, So.-Fr. 12-23, Sa. 12-2 Uhr. Schmuckes Restaurant mit Sicht auf das Monumento. Abwechslungsreiche Speisekarte und hervorragende dominikanische Kochkunst.

› **Tres Tigres** € <72> C. Principal, Ecke C. C, Cerro Alto, Tel. 8296968100, Di.-Fr.

16–23.30, Sa./So. 13–23.30 Uhr. Hervorragendes Fast-Food-Restaurant mit Burgern und mehr.

Einkaufen

Eine große Anzahl an **Läden und Boutiquen** findet sich in der **Calle del Sol,** der wichtigsten Straße der Innenstadt, und in deren Querstraßen.

In Santiago gibt es zudem mehrere große **Shoppingmalls** mit Läden, Kino, Restaurants und Cafés.

› **Cabinet Tabaco Boutique (2)** <73> C. Gral. Eusebio Manzueta, Ecke Av. Metropolitana, Los Jardines, Tel. 8097345469, www.cabinetcigar.com, Mo.–Fr. 8–22, Sa./So. 8–21 Uhr. Große Auswahl an heimischen und ausländischen Premium-Zigarren. Im hinteren Teil gibt es eine elegante Lounge zum Rauchen vor Ort.

Nachtleben

Rund um das **Monumento** (s. S. 44) ist abends einiges los. Es gibt Restaurants sowie Bars, die Getränke ausschenken, und Autofahrer lassen ihre Musik aus den Lautsprechern schallen.

› **Bolelo's Corner** <74> Av. Bartolomé Colón, im Einkaufszentrum Plaza Barcelona, Mo.–Do. u. So. 17–24, Fr./Sa. 17–2 Uhr. Offene Terrasse mit verschiedenen Restaurants und Bars. Regelmäßig Veranstaltungen mit Livemusik.

› **Francifol Bar** <75> C. del Sol, Ecke C. Benito Monción, https://francifolbar.com, Do.–So. 20–2 Uhr. Beliebtes Tanzlokal für karibische Rhythmen (Merengue, Bachata, Salsa). Regelmäßig Auftritte bekannter Künstler.

031id-th

⌃ *Weißes Kleinod: die pittoreske Kirche Iglesia del Sagrado Corazón de Jesús in Moca*

30 Moca ★★ [G3]

Die Stadt Moca liegt etwa eine halbe Stunde von Santiago 28 entfernt. Als **Hauptstadt der Provinz Espaillat** und aufgrund ihrer Vergangenheit ist sie einen Besuch wert. Eines der populärsten Gerichte des Landes, das **Mofongo** (s. S. 99), hat seinen Ursprung hier. Daher gibt es auch keinen geeigneteren Ort, um es zu probieren.

Moca wird auch **„Stadt der Helden"** (**„La Villa Heróica"**) genannt. Grund dafür ist, dass sie in der umkämpften Vergangenheit des Landes zahlreiche mutige Frauen und Männer hervorgebracht hat, die entscheidenden Einfluss auf den Verlauf der Geschichte genommen haben. Unter anderem beendeten sie die blutigen Diktaturen von Ulises Heureaux und Rafael Trujillo. Von einem der berühmten Söhne der Stadt erzählt das **Museo Plazoleta 26 de Julio:** Jacobito De Lara. Mit nur 17 Jahren war der junge Mann

Mein Tipp

Zu Besuch im Kakaoparadies

Ein unterhaltsames Erlebnis rund um das Thema **Kakao** bietet der **Chocolate Jungle** bei Salcedo. Die Besitzerfamilie baut seit vielen Jahren Kakao an und exportiert diesen auch nach Belgien. Seit 2020 betreibt der Sohn Isaias eine kleine **Ecolodge** am Rande der Plantage. Neben rustikalen Übernachtungen kann man hier auch einen **Tagesaufenthalt (Day Pass)** buchen: Dieser beinhaltet ein leckeres Frühstück, Mittagessen, Getränke, eine Plantagenführung und eine „Schokoladen-Therapie". Bei einer **Übernachtung** ist auch das Abendessen inbegriffen. Isaias kocht übrigens selbst und verwendet dabei fast ausschließlich Zutaten aus eigenem Anbau.

› **Chocolate Jungle** <80> C. Hermanas Mirabal, am Ortsrand, Tel. 8293035938, www.instagram.com/chocolatejunglerd, nur mit Reservierung, Day Pass 1500 RD$ (inkl. Frühstück und Mittagessen), Übernachtung 2500 RD$ pro Person (inkl. Mittagessen, Abendessen, Frühstück)

am Mord des Diktators Ulises Heureaux beteiligt. Dieser war sein Patenonkel. Der Held fiel allerdings nur zwei Jahre später in Ungnade, als er seine erst 16-jährige Freundin aus Eifersucht tötete. Kurz darauf nahm er sich im Gefängnis im Alter von gerade einmal 19 Jahren das Leben.

Sehenswert ist die schmucke Kirche **Iglesia del Sagrado Corazón de Jesús**, die zu den schönsten des Landes gehört und deren italienische Glasfenster ein Blickfang sind.

› **Museo Plazoleta 26 de Julio** <76> C. Colón, Tel. 8095781994, https://museosrd.gob.do/museos/museo-26-de-julio, Di.–So. 9–17 Uhr, Eintritt: 50 RD$

Infos und Reisetipps

› **Anfahrt ab Santiago** (28): per *guagua*, Abfahrt vor der Bella Terra Mall, Av. Juan Pablo Duarte (100 RD$)

› **Busse nach Santiago:** per *guagua*, Abfahrt in der C. Dr. Guerrero, Ecke C. Tunti Cáceres. Zwei weitere Stopps am Parque Ramón Cáceres und gegenüber dem Supermarkt La Sirena an der Carr. Licey – Moca.

› **Busse nach La Vega** [G3]: per *guagua*, Abfahrt in der C. Antonio de la Maza, Ecke C. Dr. Guerrero

› **Stadtverkehr und Ausflüge:** innerorts und zu nahe gelegenen Zielen am besten per *motoconcho* oder, bei Verfügbarkeit, Uber

Unterkunft

› **Hotel Green Palace** € <77> Av. Los Agricultores – Plaza Green Gallery, Tel. 8098233242, https://greenpalacehotel.com-hotel.com. Zentrale Lage, komfortable Zimmer und Dachterrasse mit Pool sowie tollem Ausblick.

Essen und Trinken

› **20Grados** €€ <78> Autopista Ramón Cáceres, Plaza City Center, Tel. 8096374212, Mo.–Sa. 7.30–22 Uhr. Stilvoll eingerichtetes Café-Bistro. Besonders lecker sind der selbst gemachte Eistee, die Burger und die Kaffeespezialitäten.

› **La Panceta** € <79> Carr. 21, Km 2, Tel. 8294933199, tägl. 11–23 Uhr. Einladendes Restaurant in einem großen Innenhof. Freundlicher Service und deftige Gerichte. Ideal, um das traditionelle *mofongo* (karibischer Kloß) zu probieren.

Das Museum zu Ehren der Mirabal-Schwestern in ihrem ehemaligen Wohnhaus inmitten eines idyllischen Gartens in Salcedo

31 Casa Museo Hermanas Mirabal ★★★ [G3]

Das Museum zu Ehren der Mirabal-Schwestern in Salcedo hält die Erinnerung an die drei mutigen Frauen und ihren selbstlosen Kampf gegen den grausamen Diktator Rafael Trujillo wach (s. S. 50).

In diesem Haus verbrachten die Schwestern **Patria, Minerva und María Teresa** gemeinsam mit ihrer Mutter ihre letzten Lebensmonate. Sie wurden zu **Nationalheldinnen** und zu einem Symbol für den weltweiten Kampf gegen Gewalt gegen Frauen. Besichtigen lassen sich Küche, Wohnzimmer und die Schlafzimmer, zu sehen sind auch persönliche Gegenstände der Familie. Im großen **Garten** befindet sich ein **Mausoleum.** Während der **Führung** erfährt man spannende und berührende Details zum Leben und Wirken der Schwestern.

Die kleine Stadt **Salcedo** hat rund 12.000 Einwohner und ist Hauptstadt der Provinz Hermanas Mirabal, die nach den drei jungen Schwestern benannt wurde.

› Av. Duarte, Tel. 8095878530, www.casamuseohermanasmirabal.com, Di.–Fr. 9–17, Sa./So. 9–18 Uhr, Eintritt: 100 RD$

Infos und Reisetipps

› **Anfahrt ab Santo Domingo:** mit Caribe Tours viermal täglich nach Salcedo [G3] (350 RD$). Das Casa Museo Hermanas Mirabal befindet sich ca. 5 km östlich von Salcedo.

› **Anfahrt ab Santiago 28:** per *guagua,* Abfahrt in der C. Sabana Larga, Ecke C. Restauración (am Parque Chachases). In Salcedo Ankunft in der C. Hermanas Mirabal, kurz vor der Plazoleta Hermanas Mirabal (dort auch Abfahrt).

Essen und Trinken

› **Abuelito by Euri** €€ <81> C. Colón 98, Tel. 8095775111, So.–Do. 11–24, Fr./Sa. 11–1.30 Uhr. Behagliches Restaurant mit viel Liebe zum Detail – sowohl bei der Deko als auch bei der Präsentation der Speisen (überwiegend dominikanische Küche).

Einkaufen

› **Parada La Casa Del Queso Dulcería** <82> Carr. Tenares – Salcedo, gegenüber vom Museum der Mirabal-Schwestern 31, Tel. 8095145610, tägl. 7–19 Uhr. Spezialität des Hauses ist selbst hergestellter Käse in großer Auswahl, doch gehören Getränke, Snacks, Souvenirs und Süßspeisen ebenfalls zum breit gefächerten Angebot.

32 Jarabacoa ★★ [F4]

Wo der Frühling ewig dauert

Die kleine Stadt inmitten der **Zentralkordillere** liegt auf 525 m Höhe und ist bekannt für ihr angenehmes Klima – deshalb wird sie auch **„Stadt des ewigen Frühlings“** genannt. Ebenso ist sie berühmt für beeindruckende Berglandschaften ringsum, ihren **Wasserreichtum** und zahlreiche **Outdooraktivitäten** (s. S. 51). Auf eben diesen Wasserreichtum geht wohl auch der Name zurück: In der Sprache der

049id-th

Wie Schmetterlinge einen Diktator stürzten

Der Diktator Rafael Leónidas Trujillo (1891–1961) regierte die Dominikanische Republik zwischen 1930 und 1961. Die einst wohlhabende Familie Mirabal aus Salcedo verlor durch die Machtergreifung des Generals nahezu ihr gesamtes Vermögen. So verwundert es nicht, dass die drei Schwestern Patria, Minerva und María Teresa Mirabal sich später gemeinsam mit ihren Ehemännern der politischen Widerstandsgruppe „14. Juni" anschlossen, die den Sturz des Diktators zum Ziel hatte. Innerhalb der Gruppe wurden die drei Schwestern „Las Mariposas" („Die Schmetterlinge") genannt. Die vierte Schwester, Dedé, unterstützte zwar die Bewegung, war aber bei Weitem nicht so aktiv wie die anderen.

Im Mai 1960 wurden Minerva, María Teresa und deren Ehemänner zum wiederholten Male verurteilt und mussten Gefängnisstrafen antreten. Bereits im August wurden die beiden Schwestern vorzeitig entlassen, während die Ehemänner in Haft verblieben. Im ersten Moment ging man davon aus, dass dies aufgrund des großen Drucks der USA geschah, erst viel später wurde der makabre Plan Trujillos aufgedeckt: Die beiden Frauen wurden aus der Haft entlassen, damit der Diktator sie ermorden lassen konnte. Mit dem Mord wurde die SIM beauftragt, eine berüchtigte Geheimpolizei. Die Ehemänner wurden aus dem Gefängnis in Salcedo nach Puerto Plata 46 verlegt, wodurch die Besuche eine längere Autofahrt voraussetzten. Nach einem Besuch der drei „Mariposas" in Puerto Plata am 25. November 1960 lauerten die Handlanger Trujillos ihnen auf der Heimfahrt an einer einsamen Serpentinenstraße bei La Cumbre auf, in den Bergen zwischen Puerto Plata und Santiago 28. Dort wurden die drei Schwestern und ihr Fahrer von der Geheimpolizei ermordet, die anschließend einen angeblichen Autounfall inszenierte.

Die wahren Hintergründe wurden jedoch wenig später aufgedeckt und bedeuteten den Anfang vom Ende des skrupellosen Diktators. Die Bevölkerung war geschockt von diesem Verbrechen und begann, sich verstärkt der Widerstandsbewegung anzuschließen, während Trujillo immer mehr Sympathien verlor. Am 30. Mai 1961, etwa sechs Monate nach der Ermordung der Schwestern, fiel der scheinbar übermächtige Diktator einem Attentat zum Opfer.

Die „Mariposas" werden seitdem als Volksheldinnen verehrt und ihr Erbe ist bis heute lebendig. Ihr Todestag, der 25. November, wurde zum Internationalen Tag zur Beseitigung von Gewalt gegen Frauen erklärt, die ehemalige Provinz Salcedo wurde 2007 in Hermanas Mirabal umbenannt und die Gesichter der Schwestern zieren die 200-Peso-Banknote. Ihr letztes Wohnhaus, ca. 5 km außerhalb von Salcedo, wurde in ein Museum 31 umgewandelt und liefert interessante Einblicke in die Familiengeschichte.

Auch in der jüngeren Vergangenheit spielte die Familie eine wichtige politische Rolle. Jaime David Fernández Mirabal, Sohn der damals einzigen überlebenden Schwester Dedé, war von 1996 bis 2000 Vizepräsident. Minervas Tochter Minou Tavárez Mirabal war Kongressabgeordnete und im Jahr 2016 Präsidentschaftskandidatin.

Der Roman „Die Zeit der Schmetterlinge" von Julia Álvarez (s. S. 121) wurde 2001 u. a. mit Salma Hayek als Minerva und Edward James Olmos als Trujillo verfilmt.

Taínos (s. S. 40) bedeuten die Wörter *jaraba* und *coa* nämlich „Land des Wassers“. Obwohl das Stadtzentrum selbst mittlerweile sehr geschäftig ist und wenig Ruhe ausstrahlt, ändert sich das Bild bereits wenige Fahrminuten außerhalb der Ortsmitte.

33 Kaffeefabrik Café Monte Alto ★ [F4]

Die kleine Kaffeefabrik wird seit drei Generationen von der Familie Ramírez betrieben und exportiert mittlerweile in die ganze Welt. Der Kaffee wird auf **Plantagen** rund um Jarabacoa angebaut, der biologisch erzeugte Kaffee sogar direkt neben der Produktionsstätte. Den gesamten Prozess vom Einpflanzen des Setzlings bis zum Verpacken des Kaffees kann man im Rahmen einer interessanten **Tour** kennenlernen. Unter der angegebenen Nummer kann der gewünschte Termin per WhatsApp **reserviert** werden. Wer ohne Reservierung zur Fabrik kommt, der muss im schlimmsten Fall eine gute halbe Stunde warten, bis die nächste Tour möglich ist.

› Carr. Belarminio Ramirez, am Ortsrand von Jarabacoa, Anfahrt per *motoconcho* oder Taxi, Tel. 8297294437, www.ramirezcoffee.com, Mo.–Fr. 8–11 u. 14–16, Sa. 8–11 Uhr, Eintritt: 500 RD$ (ein Päckchen Kaffee inklusive)

34 Salto de Baiguate ★★ [F4]

Der mit **25 Höhenmetern** vergleichsweise kleine, aber **kraftvolle Wasserfall** gehört zu den beliebtesten Ausflugszielen der Region. Er befindet sich südöstlich des Stadtzentrums, nur 10 Min. von diesem entfernt, und stellt an warmen Tagen eine perfekte Möglichkeit zur Abkühlung dar. Vom **Parkplatz** sind es ca. 600 m oder 15 Min. **Fußweg** bis zum Wasserfall. Dieser ergießt sich in einen breiten **Naturpool** und ist daher ideal zum Baden, aber auch zum **Canyoning** geeignet.

› **Anfahrt:** per *motoconcho* (ca. 250 RD$) oder mit dem Taxi

35 Salto de Jimenoa ★★ [F4]

Es gibt in diesem Landstrich gleich **zwei Wasserfälle** mit dem Namen Salto de Jimenoa, was regelmäßig zu Verwirrungen führt. Hier geht es um den **Salto Jimenoa Dos**, also „Zwei“, der auch spürbar häufiger besucht wird.

Mein Tipp

Adrenalintouren rund um Jarabacoa

Jarabacoa 32 ist neben seinem milden Klima auch für actionreiche Unternehmungen bekannt: **Wildwasser-Rafting, Canyoning, Gleitschirmfliegen, Quadtouren** oder die **Besteigung des Pico Duarte** 36 – alles ist möglich. Die folgenden Anbieter sind vor Ort aktiv und empfehlenswert:

› **Flying Tony Parapente** <87> Paso Alto, Tel. 8098483479, www.flyindr.com. Der Pionier für Tandem-Gleitschirmflüge in der Dominikanischen Republik. Alle Piloten verfügen über mehr als zehn Jahre Erfahrung mit Tandemflügen. Rafting, Canyoning und Quadtouren sind ebenfalls im Angebot.

› **Jarabacoa Eco Adventures** <88> C. La Joya, Tel. 8499177638, https://jarabacoa-eco-adventures.business.site. Im Angebot sind das Erklimmen des Pico Duarte, Quadtouren und Ausflüge zu den Wasserfällen rund um Jarabacoa, auf Anfrage auch weitere Touren.

› **Jaraventura** <89> C. La Piña, Tel. 8498856574, https://linktr.ee/jaraventura. Die Spezialisten, wenn es nass werden soll: Wildwasser-Rafting, Tubing und Canyoning.

Bei der **Anfahrt** sollte man dem Fahrer unbedingt mitteilen, dass man zum Wasserfall beim **Wasserwerk** *(hidroeléctrica)* möchte, nahe dem Ribera Country Club. Der **Fußweg** zum Wasserfall misst ca. 600 m und verläuft über zahlreiche **Brücken** und Hängebrücken direkt am Fluss entlang sowie über diesen hinweg – hierfür braucht man ca. 15 Min. Einige **Badestellen** sind markiert, sind aber angesichts der starken Strömung nur guten Schwimmern zu empfehlen. Am Wasserfall selbst, der rund 40 m hoch ist, kann aufgrund der Stärke der Kaskade und der dadurch entstehenden Strömung nicht gebadet werden. Über eine **Aussichtsplattform** lässt sich das Naturschauspiel jedoch beobachten.

- **Anfahrt:** per *motoconcho* (ca. 300–350 RD$) oder Taxi
- tägl. 8–17 Uhr, Eintritt frei. Es ist geplant, in absehbarer Zukunft einen Eintrittspreis von 100 bis 150 RD$ zu verlangen.

Infos und Reisetipps

- **Anfahrt ab Santo Domingo:** mehrere Verbindungen täglich mit Caribe Tours (ca. 3 Std., 450 RD$)
- **Anfahrt aus dem Norden:** regelmäßige Verbindung mit der *guagua* ab La Vega [G3], Abfahrt in der C. 27 de Febrero (zwischen C. Sánchez und Av. Antonio Gúzman Fernández). Der Fahrpreis liegt bei ca. 150 RD$.
- **Anfahrt ab Constanza** 37: per *guagua* viermal täglich (9, 11.30, 13.30 und 15 Uhr), Abfahrt in Constanza in der C. Gastón F. Deligne, gegenüber Banco Popular (250 RD$).
- **Stadtverkehr und Ausflüge:** innerorts und zu nahe gelegenen Zielen am besten per *motoconcho*

Unterkünfte

- **Hotel Gran Jimenoa** €€ <83> Av. La Confluencia, C. Monseñor Panal, Los Corralitos, Tel. 8095746304, www.granjimenoahotel.com. Schönes Hotel in ruhiger Lage direkt am Fluss. Große, komfortable Zimmer und ein hervorragendes Restaurant.

Landesvater Duarte (s. S. 110) auf dem nach ihm benannten Gipfel

Ein unvergessliches Übernachtungserlebnis im The Domes Jarabacoa

032id-th

› **The Domes Jarabacoa** €€€€ <84> Loma Atravesada, Km 5, Tel. 8494804242, www.thedomesjarabacoa.com. Eher ein Erlebnis als nur eine Übernachtung: Luxuriöses Glamping in einmaliger Lage hoch über Jarabacoa. Service in Perfektion, die Ausstattung lässt keine Wünsche offen. Ein kleines Restaurant ist angeschlossen.

Essen und Trinken

› **Café Amargo** € <85> C. Independencia 41, Mo., Mi.–Sa. 8–12.30/14–19, Di. 14–19, So. 10–12.30/14–19 Uhr. Charmantes, kleines Café mit großer Auswahl an süßen und herzhaften Versuchungen.

› **El Fressco Bistro & Café** €€ <86> Av. La Confluencia, am Ortsrand, Tel. 8095747744, tägl. 8–23 Uhr. Schickes Restaurant mit Terrasse und abwechslungsreicher Speisekarte: Salate, Sandwiches, Fisch und Fleisch, Pasta, Hamburger und Waffeln kann man sich schmecken lassen.

36 Pico Duarte ★★★ [E4]

Der Pico Duarte, bekannt als „Dach der Karibik", ist mit seinen 3101 m der höchste Gipfel der Antillen – und sogar höher als die Zugspitze, die nur 2962 m misst. Seine Besteigung ist eine Herausforderung, aber gleichzeitig eine unvergessliche Erfahrung.

Im Jahr 1851 wurde der Pico Duarte erstmals bezwungen – durch den deutschen Forschungsreisenden Sir **Robert Hermann Schomburgk.** Dieser war seinerzeit als Konsul im Auftrag Großbritanniens auf der Insel tätig. In der Folge erlebte der Gipfel mehrere Namenswechsel, bevor er nach dem Ende der Trujillo-Diktatur zu Ehren des Landesvaters (s. S. 110) von Pico Trujillo in Pico Duarte umbenannt wurde.

033id-th

Beim Erklimmen des Gipfels legt man 46 km zurück, die Tour dauert je nach Route und Fitnesslevel **zwei bis fünf Tage.** Die Strecke ist zwar technisch unkompliziert, aber konditionell sehr fordernd, da der Höhenunterschied ca. 2240 m beträgt.

Die wohl beliebteste Variante startet in **La Ciénaga de Manabao** [E4] ca. 20 km westlich von Jarabacoa 32. Bei der Buchung einer Tour ist der Transport nach Manabao inklusive. Dort ist eine **Übernachtung** nötig, denn der Aufstieg startet in der Regel um 7 Uhr morgens. Bei einer **dreitägigen Tour** bleibt ausreichend Zeit für den entspannten Teil, also Camping, Lagerfeuer etc. Wer den Aufstieg nicht aus eigener Kraft bewältigen kann, der hat die Möglichkeit, zur Unterstützung ein **Muli** zu nutzen (im Preis enthalten). Das notwendige **Equipment** kann zum Teil ausgeliehen werden (s. Packliste S. 54). **Jarabacoa Eco Adventures** (s. S. 51) und weitere lokale Agenturen bieten die Tour als Paket an. Der **Nationalpark** darf nur mit einem **autorisierten Guide** betreten werden.

Hier eine Beschreibung der **Drei-Tages-Variante:** Zu Beginn verläuft der breite Weg relativ flach durch dichten Tropenwald, stets in Hörweite des rauschenden Flusses. Nach dem ersten Holzhäuschen in **Los Tablones** wird der Weg zunehmend steiler und schmaler. Es geht stundenlang aufwärts, alle paar Kilometer bieten sich **überdachte Pausenplätze** für eine kurze Verschnaufpause an. Der Weg verlässt den Tropenwald und steigt nun durch Kiefernwald höher. Häufig sind auf den Bäumen farbenfrohe **Bromelien** (Tillandsien) angesiedelt. Nach 14 km ist mit **Agüita Fría** auf 2650 m der höchste Punkt des Tages erreicht. Hier findet sich die unscheinbare Quelle des Flusses Río Yaque del Sur. Die Vegetation wird bereits spürbar lichter. Es folgen die letzten Kilometer, auf denen es überwiegend abwärts geht, bis das Lager **La Compartición** auf 2450 m erreicht ist.

Von dort startet am nächsten Tag der Gipfelsturm. Nach einem langen Anstieg wird das karge **Valle de Lilís** auf 2950 m erreicht und der **Pico Duarte** ist erstmals in Sicht. Auf diesem Abschnitt sind die Spuren des verheerenden Waldbrandes von 2003 noch erkennbar. Eine Mischung aus Totholz und neu wachsendem Wald prägt das Bild, mit Sträuchern und Gräsern im bodennahen Bereich. Es folgt ein letzter Anstieg, bevor der felsige Gipfelaufbau mit seinem **Kreuz**, der **Statue von Duarte** und der **dominikanischen Flagge** erreicht ist.

Bei der dreitägigen Variante erfolgt der **Abstieg** bis La Compartición, wo man eine weitere Nacht verbringt, bevor es am dritten Tag nach Manabao zurückgeht.

- **Anreise nach La Ciénaga de Manabao:** entweder im Rahmen einer Tour oder individuell per *guagua*, Abfahrt in Jarabacoa 32 in der C. Obdulio Jimenez, Ecke C. Del Carmen (vor der Brücke über den Río Yaque del Norte)
- **Übernachtung in Manabao:** Auf dem Gelände der Nationalparkverwaltung kann ein eigenes Zelt aufgeschlagen werden. Die Ecolodge Edwin Gómez bietet gemütliche Zimmer, Schlafsäle und einen Zeltplatz in unmittelbarer Nähe zum Nationalpark. Eigentümer ist der dominikanische Bergsteiger Iván Gómez (Everest-Besteigung), Tel. 8094724422, https://desdeelmedio.com.do/empresas-dem/pico-duarte.
- **Guides:** Aus persönlicher Erfahrung kann ich Henry Serrata und seinen Vater Victor wärmstens empfehlen (sprechen nur Spanisch), Tel. 8492870598.
- **Packliste:** Tagesrucksack, Duffel Bag oder kleine Reisetasche (wird auf dem Maultier transportiert), Wanderschuhe mit gutem Profil, bequeme Schuhe, Schlafsack*, Isomatte*, Wechselkleidung, bequeme Hose und warmer Pullover für abends, Badebekleidung, Handtuch, Sonnenschutz, Wasserflasche, persönliche Medikamente und Stirnlampe. Die mit * markierten Gegenstände können bei den meisten Veranstaltern ausgeliehen werden. Wasser lässt sich unterwegs an Flüssen und Quellen auffüllen.

37 Constanza ★★★ [F5]

Die Schweiz der Karibik

Die kleine Stadt Constanza liegt auf 1200 Höhenmetern inmitten der **Zentralkordillere.** Karibisch wirkt sie auf den ersten Blick kaum – und genau darin liegt ihr Reiz. Vielleicht ist ihr Spitzname **„Schweiz der Karibik"** etwas zu hoch gegriffen, jedoch erinnern die imposante, grüne **Berglandschaft** und das fruchtbare **Valle Nuevo** 39 ohne Zweifel an idyllische Gebirgsregionen in Europa.

Constanza gilt außerdem als der **Gemüsegarten** des Landes und daran wiederum besteht kein Zweifel. Hier wächst alles, was im restlichen

Land nicht gegen die Hitze und Luftfeuchtigkeit ankommt – sogar **Erdbeeren.** Diese sind mittlerweile zu einer lokalen Touristenattraktion geworden, wenngleich vor allem für einheimische Besucher.

Neben der reizvollen Landschaft punktet die Stadt aber vor allem mit ihren Menschen. In Constanza ticken die Uhren langsamer, es geht rücksichtsvoller zu und Unbekannte grüßen sich noch auf der Straße. Zwar gibt es alles, was eine kleine Stadt benötigt, doch das **Lebensgefühl** erinnert eher an ein Dorf.

Banken, Supermärkte und Busstopps finden sich entlang der ortseinwärts führenden **Hauptstraße** namens Avenida General Luperón. In den nach Süden abzweigenden Straßen und deren Querstraßen haben sich kleine Hotels und Restaurants angesiedelt. Dort findet man auch den idyllischen **Parque Central Anacaona** und die hübsche **Kirche Nuestra Señora de las Mercedes.**

Zu guter Letzt ist da noch das **Hochlandklima,** das Dominikanern aus anderen Landesteilen stets ein verträumtes Seufzen entlockt. Wer also zwischendurch ein paar Nächte ohne Klimaanlage und Ventilator schlafen möchte, der ist hier bestens aufgehoben.

Infos und Reisetipps

> **Anfahrt ab Santo Domingo:** mit Caribe Tours tägl. 7 und 16 Uhr (450 RD$)

> **Anfahrt ab Santiago** 28: mit Linea Junior, Abfahrt in der C. Francisco Bonó 104, Tel. 8095822134, Mo.–Fr. 6 und 13.30, Sa. zusätzlich 16, So. nur 13.30 Uhr (400 RD$)

> **Anfahrt ab Jarabacoa** 32: mehrmals täglich per *guagua,* Abfahrt in der C. 16 de Agosto, kurz vor Ecke Av. Pedregal (hinter der Tankstelle)

MEIN TIPP

Kaffeepause mit Aussicht

Das süße, kleine Café **A Punto de Nieve** befindet sich etwas oberhalb der Talsohle und zeichnet sich durch eine **wunderbare Aussicht** aus. In dem liebevoll dekorierten Lokal samt lauschiger Terrasse genießt man Kaffeespezialitäten und eine große Auswahl hausgemachter Desserts.

> **A Punto de Nieve – Postres y más** € <94> C. Saturnino Sparta, Constanza, Tel. 8095393645, auf Facebook, Mo., Mi.–Fr. 14–21, Sa./So. 9–21 Uhr

Karibik einmal anders: Felder und bewaldete Berge bei Constanza

050id-th

Unterkunft

› **Hostal 53 Constanza** €-€€ <90> C. Matilde Viñas 22, Tel. 8292790555, Infos über www.instagram.com/hostal53constanza. Zentrale Lage, stilvoll-schlicht gestaltete Zimmer und aussichtsreiche Dachterrasse.

Essen und Trinken

› **Cafetería La Vía** € <91> Av. General Luperón, Ecke C. Sánchez, Tel. 8095391599, Mo.–Sa. 7.30–22, So. 7.30–13 Uhr. Typische *barra*, bekannt für ihre frisch hergestellten Toasts, Sandwiches und Säfte.

› **El Cafecito de Silo** € <92> C. Alto Cerro 2, Colonia Kennedy, Tel. 8094469668, https://el-cafecito-de-silo.negocio.site, tägl. 8–22 Uhr. Unscheinbarer Imbiss im Anbau eines Wohnhauses. Köstliche Empanadas und frische Erdbeer-Milchshakes. Das Haus ist an den zahlreichen Pflanzen im Hof erkennbar.

› **La Esquina GastroBar** €-€€ <93> C. Miguel Andrés Abréu, Ecke C. 27 de Febrero, Tel. 8095391711, www.laesquinard.com, tägl. 12–24 Uhr. Eine Institution, nicht nur regional, sondern landesweit. Nicht wenige fahren aus Santo Domingo oder Santiago nach Constanza, um diese Kneipe zu besuchen. Für den Rest ist sie ein Pflichtbesuch, wenn sie sowieso gerade in der Gegend sind. Tolle Musik, leckeres Essen und eine riesige Auswahl an ausgefallenen Bieren aus aller Welt.

38 Salto de Aguas Blancas ★★★ [F5]

Naturerlebnis in luftiger Höhe

Der **Wasserfall** liegt ein gutes Stück von Constanza 37 entfernt im **Nationalpark Valle Nuevo** 39. Er setzt sich aus **zwei Fallstufen** zusammen und hat eine Gesamthöhe von 83 m. Im unteren Becken kann man baden, allerdings ist das Wasser **eiskalt.**

Die wahre Schönheit des Wasserfalls entfaltet sich bei einer kurzweiligen **Wanderung** hinauf zu seinem Ursprung. Kurz vor dem Eingang zum unteren Becken, in einer auffälligen Kurve mit kleinem Parkplatz, zweigt rechts ein schmaler Fußweg ab und führt anfangs über einige Stufen auf-

Spektakulär stürzt der Salto de Aguas Blancas über zwei Fallstufen in die Tiefe

034id-th

wärts. Er ist mit **„Sendero Aguas Blancas“** markiert. Der idyllisch angelegte Wanderweg führt durch den Wald hinauf, vorbei an einer **Plattform** am mittleren Becken, und schließlich bis zur oberen **Holzplattform.** Insgesamt nimmt der gemütliche Aufstieg rund 20 Min. in Anspruch. Von oben bietet sich ein **weiter Ausblick** über den Nationalpark und die Berglandschaft rund um Constanza. Das Baden im oberen Naturbecken ist offiziell verboten: Zum einen ist das Wasser extrem kalt und kann unbemerkt zu Unterkühlung führen, zum anderen kann man leicht ausrutschen und dann sehr tief hinabstürzen.

› **Anfahrt:** mit 4x4 (Geländewagen) oder *motoconcho* erreichbar, ca. 40 Min. vom Zentrum von Constanza 37. Letzteres kostet ca. 800–1000 RD$ (Hin- und Rückfahrt inkl. ca. 1 Std. Aufenthalt).

› **Geführte Tour:** Als lokaler Guide empfiehlt sich Martín Ramírez Abréu, Tel. und WhatsApp 8295621035. Das Honorar beträgt 2500 RD$, dazu kommt der Transport (1000 RD$ per Motorrad oder Jeep gegen Aufpreis).

39 Parque Nacional Valle Nuevo ★★★ [F5]

Eine Landschaft zum Verlieben: Der Nationalpark Valle Nuevo gehört zu den schönsten Naturregionen der Dominikanischen Republik und zugleich zu den ungewöhnlichsten.

Das **Hochtal** ist von einer ganz besonderen **Vegetation** geprägt, die zu großen Teilen aus Kiefern, Flechten und dem sogenannten Pajón *(Danthonia domingensis)* besteht, einer endemischen und sehr widerstandsfähigen Pflanze aus der Familie der Süßgräser. Insgesamt gibt es hier mehr als **500 Pflanzenarten** zu entdecken.

Mein Tipp

Unterkunft mitten im Nationalpark

Im malerischen **Nationalpark Valle Nuevo** 39 versteckt sich ein kleines Paradies: Die ruhige, abgeschiedene **Ecolodge Villa Pajón** bietet dank einer seltenen **Sondergenehmigung** die Möglichkeit, direkt im Nationalpark zu übernachten. Hier oben werden regelmäßig **die kältesten Temperaturen** der gesamten Karibik registriert, nicht selten erreichen diese den Gefrierpunkt und gelegentlich fallen sie sogar darunter. Die **urigen Holzhütten** der Villa Pajón sind aber entsprechend ausgestattet: Ein **Kamin** und **warme Decken** sorgen für Wärme und Gemütlichkeit. Die Umgebung ist bestens zum Wandern geeignet. Oder man genießt die Stille im **idyllischen Garten,** zum Beispiel mit einer Tasse Kaffee und einem Buch im Schaukelstuhl.

› **Villa Pajón** €€-€€€ <95> Valle Nuevo, Anfahrt nur mit 4x4 oder *motoconcho,* Tel. 8093346935, www.villapajon.com

Die **Pyramide** steht zwar nicht mehr auf dem Gebiet des Nationalparks, wird aber in der Regel als Hauptziel im Valle Nuevo angesteuert. Das steinerne Monument, das an eine viergeteilte Pyramide erinnert, wurde zur Fertigstellung der Straße zwischen San José de Ocoa und Constanza 37 erbaut und soll die vier umliegenden Provinzen symbolisieren.

Die Gebäude der **Nationalparkverwaltung** bergen ein kleines **Naturkundemuseum**, daneben gibt es einen **Grillplatz** und nicht weit entfernt einen **Zeltplatz.** Mitten im Nationalpark lockt die einzige Ecolodge in dieser Region, die **Villa Pajón** (s. oben). Für die Erkundung des Nationalparks empfiehlt sich ein **ortskundiger Guide.**

- **Anfahrt:** mit 4x4 (Geländewagen) oder *motoconcho* erreichbar. Letzteres kostet ca. 1000 RD$ (Hin- und Rückfahrt inkl. ca. 1 Std. Aufenthalt).
- tägl. 8–17 Uhr, Eintritt Nationalpark: 150 RD$
- **Geführte Tour:** s. Infos bei Salto de Aguas Blancas 38

40 Charcos de los Militares ★★ [F2]

Die Charcos de los Militares sind drei türkisfarbene **Naturschwimmbecken,** die versteckt inmitten des dichten **Tropenwaldes** liegen. Sie befinden sich unweit der kleinen Gemeinde **Tubagua,** die dort ansässige **Ecolodge** (s. rechts) organisiert die Tour auch für externe Gäste.

Die **Wanderung** führt über zahlreiche Privatgrundstücke und ist nicht ausgeschildert, weshalb von einem **Besuch auf eigene Faust abgeraten** wird. Nach etwa 1½ Stunden Fußweg über schmale Pfade erreicht man die drei Naturpools. Sie werden auch „**Piscina de Dios**" („Schwimmbad Gottes") genannt, was beim gebotenen Anblick nicht abwegig erscheint. Eine Tour beinhaltet ca. 1 Std. Aufenthalt und so ist ein ausgiebiges **Bad** im kühlen Nass möglich, bevor der Rückweg angetreten wird. Bei der Wanderung eröffnet sich immer wieder ein **grandioser Ausblick** auf die **Loma Isabel de Torres** (*loma* = Hügel) im gleichnamigen Nationalpark 47 und über die zum Atlantik hin abfallende Landschaft zu Füßen der Cordillera Septentrional.

- **Anfahrt:** ab Santiago 28 per *guagua* nach Yásica [F2] (ca. 1 Std. 15 Min., 125 RD$), Abfahrt C. Pedro Francisco Bonó, Ecke C. San Luis. Von Yásica nach Tubagua [F2] gelangt man mit dem *motoconcho.* Ab Puerto Plata 46 per *guagua* bis zur Einfahrt der Ecolodge (ca. 40 Min.), Abfahrt am Krankenhaus Ricardo Limardo in der Av. Manolo Tavarez Justo.
- **Geführte Tour:** 20 US$, Buchung über Tubagua Ecolodge (s. unten)

Unterkunft

- **Tubagua Ecolodge** €€-€€€ <96> Carr. Turística Gregorio Luperón, Km 19, Anfahrt s. Charcos de los Militares 40, Tel. 8096966932, https://tubagua.com. Eine der ältesten Ecolodges des Landes. Zur Wahl stehen einfache, aus Naturmaterialien gefertigte Bungalows mit Terrassen und tollem Ausblick. Mit kleinem Pool und üppigem Grün.

Essen und Trinken

- **Restaurante Casa Antigua** €€ <97> Carr. Turística Gregorio Luperón, Km 22, Tel. 8096075763, https://casa-antigua-tubagua.negocio.site, tägl. 7.30–18 Uhr. Kleines Restaurant in einem traditionellen Landhaus. Das Ambiente vermittelt den Eindruck, bei Freunden zu Gast zu sein. Kleine Karte, aber hervorragende dominikanische Küche.

035id-th

Willkommene Erfrischung in den Charcos de los Militares

› **Restaurante Keka** €€ <98> Carr. Turística Gregorio Luperón, Tubagua, Tel. 8097520641, Mi.–Mo. 11–21 Uhr. Aussichtsreiches Restaurant mit großem Angebot an Fisch und Meeresfrüchten.

41 27 Charcos de Damajagua ★★★ [F1]

Die 27 (Veintisiete) Charcos de Damajagua versprechen ein erfrischendes Abenteuer inmitten traumhafter Natur.

Die insgesamt **27 Naturpools und Wasserfälle** lassen sich im Rahmen einer **organisierten Tour** mit einem ausgebildeten Guide besichtigen, der Eintrittspreis beinhaltet Schwimmweste und Helm. Los geht es mit einer kleinen **Wanderung** bergauf, der weitere Weg verläuft flussabwärts. Beim Durchqueren der Naturschwimmbecken und Wasserkaskaden wird gesprungen, geschwommen und gerutscht. Es gibt **drei Tourvarianten,** wobei alle 27 Wasserfälle mittlerweile kaum noch angesteuert werden. Am populärsten ist die Variante mit zwölf Wasserfällen, in Trockenzeiten ist nur der Besuch von sieben Wasserfällen möglich.

› **Anfahrt:** bei organisierten Touren inklusive; ansonsten mit der *guagua* von Javilla Tours, die zwischen Santiago 28 und Puerto Plata 46 verkehrt. Abfahrt in Santiago in der Av. Salvador Estrella Sadhalá, Ecke Av. 27 de Febrero (115 RD$). Abfahrt in Puerto Plata in der Av. Francisco Alberto Caamaño, Ecke C. Camino Real (80 RD$). Nach dem Ausstieg an der Hauptstraße geht man ca. 5 Min. zu Fuß zum Kassenhäuschen.

› Damajagua, Tel. 8092504200, www.27waterfalls.org. **Organisierte Touren** inkl. Transfer sind über die Website buchbar, tägl. 8–15 Uhr, Kosten: ab 500 RD$ (7 Wasserfälle).

Die Nordküste

An der Nordküste nahm der Tourismus in der Dominikanischen Republik seinen Anfang, genauer gesagt an der Küste zwischen **Puerto Plata** 46 und **Sosúa** [G1]. Das historische Zentrum von Puerto Plata hat sich in den letzten Jahren stark gewandelt: Alte Gebäude im viktorianischen Stil wurden sorgsam saniert, kleine, behagliche Hotels haben sich angesiedelt und reichlich Gastronomie gleich dazu.

Etwas im Schatten Puerto Platas liegt **Montecristi** 42 ganz im Nordwesten des Landes. Dabei sind der riesige Kalksteinfelsen El Morro 43, die Mangrovensümpfe und auch die Salinen zweifelsohne Grund genug für einen Besuch.

Überraschend ruhig geht es in **Punta Rucia** 44 zu. Der kleine Ort, der aus wenig mehr als einer einzigen langen, am Strand verlaufenden Straße besteht, wird meist nur als Sprungbrett zur paradiesischen Sandbank **Cayo Arena** 45 betrachtet, obwohl sich hier einer der schönsten Strände der Insel versteckt.

Östlich von Puerto Plata liegt das **Kitesurfmekka Cabarete** 49 – ein Traumziel für alle, die Wind und Wellen lieben. Folgt man der Nordküste weiter gen Osten, wird es beschaulicher. Rund um **Río San Juan** 50 und **Cabrera** 52 finden sich etliche Bilderbuchstrände, die kaum von Reisenden aufgesucht werden. Wer feinen Sand, Palmen und reichlich Ruhe zu schätzen weiß, der ist hier richtig.

42 Montecristi ★★ [B1]

San Fernando de Monte Cristi, kurz Montecristi, liegt im äußersten Nordwesten des Landes, nahe der Grenze zu Haiti. Die Stadt wurde 1506 offizi-

051id-th

ell gegründet. Die Landschaft ist karg und trocken, hat aber dennoch ihre Reize.

Das **Wahrzeichen** der Region ist der imposante Kalksteinfelsen **El Morro** 43, ein beliebtes Wandergebiet und spektakulärer Aussichtspunkt. Südlich des El Morro in Küstennähe liegen die **Salinen**, wo noch immer Salz gewonnen wird.

Beliebte Ausflugsziele sind die **Mangrovensümpfe** und die kleine Insel **Isla Cabra** (zahlreiche Anbieter vor Ort entlang des Malecón). Beispielsweise organisiert die Gastrobar **La Casa Azul** (s. S. 61) **SUP-Touren** durch die Mangroven.

In Montecristi selbst lockt das **Casa Museo Máximo Gómez**, das einen Besuch wert ist. In dem historischen Haus lebte einst Máximo Gómez (s. S. 33), bevor er nach Kuba übersiedelte und den dortigen Unabhängigkeitskrieg unterstützte. Viele originale Ausstellungsstücke und Informationen über seinen Werdegang finden sich hier.

Ein weiterer Blickfang ist der auffällige **Uhrenturm** im Parque Duarte, bekannt als **El Reloj de Montecristi.**

› **Salinas de Montecristi**, erreichbar über die Av. San Fernando
› **Casa Museo Máximo Gómez** <99> Av. Mella, esq. C. Presidente Vásquez, tägl. 8–12 u. 14–17, So. nur bis 12 Uhr, Eintritt frei

43 El Morro ★★ [B1]

Der markante **Kalksteinfelsen** misst 242 m und ist die wichtigste Touristenattraktion dieses Landstrichs. Er liegt innerhalb des **Nationalparks Montecristi.** Auf der Nordseite gibt es einen Zugang zum Strand namens **Playa El Morro**, allerdings ist dieser eher wild und zum Baden weniger geeignet. Der leicht

△ Sonnenuntergang am Kalksteinfelsen El Morro

▷ Punta Rucia zieht sich am gleichnamigen Traumstrand entlang

zu gehende **Wanderweg El Sendero de las Cruces** umfasst ca. 800 m und bietet traumhafte Ausblicke auf die vorgelagerte Insel **Isla Cabra** und den El Morro selbst. Vor allem zum **Sonnenuntergang** bietet sich hier ein wahres Naturschauspiel.

- **Anfahrt:** vom Ortszentrum mit Taxi (ca. 300 RD$) oder *motoconcho* (ca. 200 RD$), Wartezeit oder spätere Abholung vereinbaren
- Eintritt: 100 RD$

Infos und Reisetipps

- **Anfahrt:** mit Caribe Tours (s. S. 130) mehrmals täglich von Santo Domingo (500 RD$) via Santiago 28 (300 RD$)
- **Stadtverkehr und Ausflüge:** In und um Montecristi stehen Taxis und *motoconchos* zur Verfügung.

Unterkünfte

- **El Morro Eco Adventure Hotel** €€€ <100> C. El Morro, Tel. 8498861605, https://elmorro.com.do. Unscheinbare Anlage in unmittelbarer Nähe zum El Morro. Geräumige Bungalows mit schlichter, aber stilvoller Einrichtung. Mit Restaurant, Bar und Pool. Auch Ausflüge werden organisiert.
- **Hotel Santa Clara** €-€€ <101> C. Mayobanex 8, Tel. 8095792433, https://hotelsantaclara.com-website.com. Elegantes, kleines Hotel mit gemütlichen Zimmern und schönem Innenhof. Gute Lage im Zentrum.

Essen und Trinken

- **La Casa Azul** € <102> C. Rodríguez Camargo, Tel. 8295215085, Mo.-Do. 16-23, Fr.-So. 16-24 Uhr. Gastrobar in einem auffälligen, blauen Haus mit vielseitigem Angebot: Es gibt Craftbier, kleine Gerichte wie Burger und Pizza sowie Eis aus eigener Herstellung. Lauschiges Ambiente im angeschlossenen großen Innenhof. Auch SUP-Touren.

44 Punta Rucia ★★ [D1]

Fischerdorf mit Traumstrand

Punta Rucia gehört zu den meistunterschätzten Orten der Dominikanischen Republik. Viele Reisende sehen es lediglich als Sprungbrett zur kleinen Sandbank **Cayo Arena** 45. Der lange, feine **Sandstrand** und das türkisfarbene Wasser machen Punta Rucia jedoch zu einem perfekten Platz für erholsame Strandtage. Das Wasser ist flach und ruhig und somit auch für **Kinder** ideal.

Im Dorf selbst geht es äußerst entspannt zu. Der Ort zieht sich an der Straße entlang, es gibt ein paar kleine Hotels, Restaurants und einen Supermarkt. Allerdings ist die **An- und Rückreise** etwas umständlich.

036id-th

Infos und Reisetipps

- **Anreise:** Eine *guagua* fährt von Santiago 28 (Abfahrt in der C. 30 de Marzo, Ecke C. Salvador Cucurullo) nach Villa Isabela [E1] (300 RD$). Unbedingt nachfragen, welches der richtige Kleinbus ist, da viele Strecken bedient werden. Von Villa Isabela verkehrt eine *guagua* in Richtung La Ensenada und Punta Rucia 44, allerdings nur selten. Abfahrt ist an der Hauptstraße, direkt gegenüber dem Ankunftsterminal aus Santiago. Wenn es bis zur nächsten Abfahrt zu lange dauert, kann man die 24 km auch mit dem *motoconcho* zurücklegen (handliches Gepäck vorausgesetzt). Alternativ ist eine Anreise via Puerto Plata 46 möglich, und zwar per Uber für 2500–3000 RD$ (ca. 50 US$).
- **Rückreise:** Unbedingt die Handynummer des Fahrers der *guagua* notieren und am Tag vor der Abreise anrufen und Bescheid geben, dass man mitfahren möchte. Zwar führt die Route offiziell durch Punta Rucia, aber viele Fahrer sparen sich die Strecke aufgrund der kaum vorhandenen Passagiere auf diesem Abschnitt. Übernachtet man im Corales Punta Rucia (s. unten), ist der deutsche Besitzer gerne bei der Organisation behilflich.
- **Stadtverkehr und Ausflüge:** Wer länger in Punta Rucia bleibt, hat die Möglichkeit, ein Quad auszuleihen (mehrere Anbieter vor Ort).

Unterkunft

- **Corales Punta Rucia** €-€€ <103> C. Principal, Tel. 8298823522, www.coralespuntarusia.com. Das kleine Hotel unter deutscher Leitung steht knapp 750 m vom Strand entfernt (10 Gehminuten). Hübsche, helle Zimmer mit A/C. René ist gelernter Koch und zaubert ein herausragendes Abendessen exklusiv für seine Gäste. Außerdem hilft er gerne bei der Organisation von Touren (Cayo Arena 45 und andere Ziele).

Essen und Trinken

- **Damaris Restaurant** €€ <104> C. Principal 76, Tel. 8293464983, tägl. 8–21 Uhr. Dominikanische Küche mit Schwerpunkt auf frischem Fisch und Meeresfrüchten.
- **Lino Pizza** €€ <105> C. Principal, Tel. 8097043045, https://lino-pizza.negocio.site, Mo.–Sa. 17–22, So. 12–22 Uhr. Original italienische Pizza direkt am Strand.

45 Cayo Arena ★★★ [D1]

Bilderbuchidylle am Atlantik

Das winzige Eiland Cayo Arena ist eigentlich gar **keine Insel**, sondern eine **Sandbank.** Je nach Jahreszeit und Meeresströmung ändert sich ihre Größe und Form. Ihre große Beliebtheit bei Touristen wie Einheimischen bleibt jedoch stets unverändert. Von den Touristikern wird Cayo Arena schon lange als „Paradise Island“ vermarktet. Die Sandbank liegt auf einem **Riff** und ist ringsherum von flachem, glasklarem Wasser umgeben. Hier badet es sich paradiesisch schön, fast fühlt man sich wie in einer riesigen Badewanne. Beim **Schnorcheln** lassen sich unzählige bunte Fische beobachten.

Am Strand von **Punta Rucia 44** ankern zahlreiche **Schnellboote,** die für die **Überfahrt** zur Verfügung stehen. Wer lediglich Cayo Arena besuchen möchte, ohne in Punta Rucia zu übernachten, der sollte sich einer **organisierten Tour ab Puerto Plata 46** anschließen. Ein verlässlicher und etablierter Anbieter ist beispielsweise **Marysol Tours** (s. S. 66)

Die winzige Sandbank Cayo Arena ist Naturschauspiel und Badeparadies zugleich

- **Anfahrt:** Eine private lancha, wie die kleinen Schnellboote genannt werden, kann man für 4000 RD$ für 1–2 Pers. inkl. Kapitän mieten. Für 3–4 Pers. beträgt der Preis 4500 RD$, ab 5 Teilnehmern werden 1000 RD$ pro Person berechnet. Verhandeln ist erlaubt. Bei Übernachtung im Corales Punta Rucia (s. S. 62) kann der gut vernetzte deutsche Besitzer meist einen guten Deal für seine Gäste aushandeln (ca. 1000 RD$ pro Person).
- **Organisierter Ausflug mit Marysol Tours** (s. S. 66): Mo.–Sa. ab Puerto Plata 46, Erw. 70 US$, Kinder 5–11 Jahre nur 35 US$

46 Puerto Plata ★★★ [F1]

„La Novia del Atlántico" – „Freundin des Atlantiks" – wird die größte und wichtigste Stadt der Nordküste liebevoll genannt.

Über den internationalen **Flughafen** (s. S. 112) besteht Anschluss an den Rest der Welt. In Puerto Plata („Silberhafen") erlebte der dominikanische Tourismus seinen Aufschwung, hier hat er sich in der jüngeren Vergangenheit grundlegend verändert. Das All-inclusive-Konzept ist nach Punta Cana (s. S. 32) weitergezogen. Puerto Plata empfängt nun große **Kreuzfahrtschiffe**, teilweise mehrmals pro Woche. So merkwürdig dies klingen mag, kommt dieser Umstand den Individualreisenden äußerst gelegen: Das **historische Zentrum** wurde aufgehübscht, zahlreiche gastronomische Betriebe haben sich angesiedelt und es gibt einiges zu entdecken. Mittendrin erstreckt sich der schmucke **Parque Central** mit der **Catedral de San Felipe Apóstol.** In unmittelbarer Nähe liegen die beliebten Gassen Paseo de Doña Blanca und C. San Felipe, die mit ihrer Dekoration ganz auf das perfekte Erinnerungsfoto ausgelegt sind.

Auf der Landzunge am **Hafen** thront die wuchtige Festungsanlage **Fortaleza San Felipe** von 1577, die die Stadt vor Piratenangriffen schützen sollte.

037id-th

038id-th

Das Fort wurde in der Vergangenheit auch immer wieder als Gefängnis genutzt. Der wohl berühmteste Häftling war der Landesvater **Juan Pablo Duarte** (s. S. 110). Im Inneren befindet sich heute ein **Museum** mit militärischen Ausstellungsstücken. In unmittelbarer Nähe gewährt der gelbe **Leuchtturm** einen fantastischen Ausblick auf die Stadt und den Hafen.

Das **Casa Museo General Gregorio Luperón** ist ein schmuckes historisches Haus und birgt ein interessantes Museum. Dargestellt wird das Leben und Wirken des aus Puerto Plata stammenden Generals **Gregorio Luperón** (1839–1897), der eine der entscheidenden Figuren des Restaurationskrieges 1863–1865 und später ein Jahr lang Staatspräsident war.

Sehenswert ist ferner das schön gestaltete **Museo del Ámbar Dominicano,** das **Bernsteinmuseum.** Die Filmreihe „Jurassic Park“ basiert auf einem früheren Ausstellungsstück, das auch im ersten der Filme zu sehen ist. Das Museum ging vor einigen Jahren in den Besitz der Familie León über, ihres Zeichens Besitzerin der Tabakfabrik La Aurora (29) in Santiago (28). Dies erklärt, warum eine Ausstellung zum Thema Tabak angeschlossen ist.

Und dann wäre da noch das **Macorix House of Rum:** Die Fabrik von Ron Macorix, 1899 in San Pedro de Macorís gegründet, bietet einen Blick hinter die Kulissen der **Rumherstellung** (s. S. 102) samt **Verkostung.** Es ist ratsam, die Führung nicht auf leeren Magen zu unternehmen, da der Schwerpunkt auf dem Probieren liegt.

Lohnenswert ist zudem eine Fahrt mit der **Seilbahn** zum **Nationalpark Isabel de Torres** (47).

› **Museo Fortaleza San Felipe** <106> La Puntilla, https://museosrd.gob.do/museos/museo-fortaleza-san-felipe, Di.–So. 9–17 Uhr, Eintritt: 100 RD$

› **Casa Museo General Gregorio Luperón** <107> C. 12 de Julio, Tel. 8092618661, Mo.–Fr. 9–17, Sa. 9–12 Uhr, Eintritt: 200 RD$

› **Museo del Ámbar Dominicano** <108> C. Duarte, Ecke C. Emilio Prud'Homme, Tel. 8097342599, www.ambermuseum.com, Mo.–Fr. 9–17, Sa. 9–12 Uhr, Eintritt: 120 RD$

› **Macorix House of Rum** <109> Av. Francisco Alberto Caamaño, Tel. 8095862221, www.ronmacorix.com, Mo.–Fr. 9–16, Sa. 9–13 Uhr, So. nur, wenn ein Kreuzfahrtschiff im Hafen liegt, Eintritt: 4 US$

Häuser im Viktorianischen Stil prägen die Altstadt Puerto Platas (46)

47 Parque Nacional Isabel de Torres ★★★ [F1]

Ein Hauch von Rio de Janeiro: Der Nationalpark Isabel de Torres und der gleichnamige Aussichtsberg in dessen Mitte gehören zu den lohnendsten Ausflugszielen in der Umgebung Puerto Platas.

Nur wenige Minuten vom Stadtzentrum entfernt liegt die **Talstation der Seilbahn** *(teleférico)*, von der aus man den Gipfel **Pico Isabel de Torres** in 793 m Höhe bequem erreichen kann.

Oben angekommen, vermittelt eine riesige **Christusstatue** den Eindruck, in Rio de Janeiro gelandet zu sein. Diese wurde ganz offensichtlich dem weltbekannten Cristo Redentor nachempfunden, was durch die **spektakuläre Fernsicht** auf Puerto Plata und den Atlantik noch verstärkt wird.

Auf der Spitze des Berges erstreckt sich ein **Botanischer Garten.** Die dichte **Vegetation** lädt zu einem ausgedehnten **Spaziergang** ein. Immer wieder bieten lichte Stellen einen beeindruckenden Ausblick. Am Vormittag sind die Chancen auf einen unbewölkten Himmel und eine ungehinderte Aussicht in der Regel am größten.

› **Anfahrt:** mit Uber (ca. 150–200 RD$) oder *motoconcho* (75 RD$) bis zur Talstation. Alternativ kann man die Bergstation mit dem Auto erreichen.
› **Talstation des Teleférico de Puerto Plata** <110> C. del Teleférico, Tel. 8099700501, www.telefericopuertoplata.com, tägl. 8.30–17 Uhr, Ticketpreis: 550 RD$ (Berg- und Talfahrt)

Strände

Parallel zum **Malecón**, also der Uferpromenade von Puerto Plata, erstrecken sich einige kleine Strandabschnitte, aber diese werden zum Baden eher selten genutzt. Einer der beliebtesten und einladendsten Sandstrände ist die **Playa Costa Rica**, an der sich einige *casetas* (kleine Restaurants und Bars) angesiedelt haben. Etwas weiter stadtauswärts folgt die **Playa Long Beach**, ein feinsandiger, breiter Strand, bei dem wirklich Karibik-Feeling aufkommt. Außerhalb der Stadtgrenzen schließen sich **Costa Dorada** und **Playa Dorada** an, wo die meisten Hotelanlagen angesiedelt sind. Hier finden sich auch öffentliche Strandzugänge.

Infos und Reisetipps

› **Anfahrt ab Santa Domingo:** mit Caribe Tours mindestens stündlich via Santiago 28 (500 RD$)
› **Anfahrt ab Punta Rucia 44:** Zunächst fährt man nach Villa Isabela, dann weiter nach El Mamey (in der *guagua* Richtung Santiago). In El Mamey fahren Sammeltaxis nach Puerto Plata, Abfahrt in der Nebenstraße hinter der Farmacia Pardo (250 RD$).

Bequem mit der Seilbahn auf den Pico Isabel de Torres

015id-th

- **Stadtverkehr und Ausflüge:** Innerhalb Puerto Platas sind *motoconchos* die günstigste Option. Uber ist zwar verfügbar, jedoch verhandeln die wenigen Fahrer hier sehr ausdauernd. Es stehen auch zahlreiche Taxis zur Verfügung. Am Krankenhaus Ricardo Limardo (Av. Circunvalación Sur) starten Sammeltaxis und *guaguas* zu zahlreichen Zielen an der Nordküste.
- **Marysol Tours** <111> Playa Dorada Mall 1A, Tel. 8292011403, www.marysoltours.net, geöffnet: So.–Fr. 9–15 Uhr. Etablierter Tourenanbieter in Puerto Plata. Das Angebot reicht von den Klassikern Cayo Arena 45 und 27 Charcos de Damajagua 41 über Stadtführungen bis hin zu Quad-Ausfahrten.

Unterkünfte

- **Hostel Villa Carolina** €€ <112> C. Virginia Elena Ortega 9, Tel. 8299082200, https://hostel-villa-carolina.business.site. Zweckmäßige Zimmer mit A/C in ruhiger Lage. Großer tropischer Garten mit Pool. Gutes Frühstück inbegriffen.
- **Hotel Castilla** € <113> C. José del Carmen Ariza, Ecke C. 12 de Julio, Tel. 8096902305, www.facebook.com/hotelcastillaptopta. Einfaches Hotel in bester Lage im Zentrum. Hübsches historisches Gebäude, freundlicher Service und unschlagbares Preis-Leistungs-Verhältnis. Kleine, gemütliche Zimmer.

MEIN TIPP

Jerk Chicken und Reggae-Vibes

Nach einem Besuch im **Mundo King Art Museum** 48 bietet sich ein leckeres **jamaikanisches Essen** bei Mosha an. Zwar unterscheiden sich die Grundzutaten der jamaikanischen Küche gar nicht so sehr von der dominikanischen, das Ergebnis schmeckt aber völlig anders. Besonders lecker ist das berühmte **Jerk Chicken,** das mit seinem rauchigen, leicht scharfen Geschmack förmlich im Mund zerschmilzt. Begleitet wird das Ganze von einem kühlen Red-Stripe-Bier und den passenden **Reggae-Rhythmen.** Da viele Zutaten importiert werden müssen, sind die Preise relativ hoch. Dennoch lohnt sich die Investition, denn man bekommt ein ganz besonderes Geschmackserlebnis serviert.

- **Mosha's Reggae Lounge** €€€ <117> C. Dr. Rosen, Ecke C. Pedro Clisante, Di.–So. 10–18 Uhr

Essen und Trinken

- **Casa 40** €–€€ <114> C. Duarte 40, Ecke C. Imbert, Tel. 8092913777, So./Mo. u. Do. 8–22, Di. 8–18, Fr./Sa. 8–24 Uhr. Außergewöhnlicher Ort, eine Mischung aus Restaurant, Bar und Kunstgalerie. Interessante Deko, entspannte Atmosphäre im großen Innenhof und leckeres Essen (Salate, Pasta, Crêpes und mehr).
- **El Patio de Frida** € <115> C. Prof Juan Bosch 30, Tel. 8494595052, Di.–Fr. 18–23, Sa./So. 13–23 Uhr. Beliebtes mexikanisches Restaurant in einem hübschen Hinterhof.
- **Kyrios** € <116> C. Villanueva, Ecke C. Beller, Tel. 8097175336, https://kyriosrd.com, Mo.–Sa. 8–22 Uhr. Gutes Essen zu günstigen Preisen. Vielseitige Optionen zum Frühstück, Tagesgericht, dominikanische Spezialitäten und Fast Food. Lauschig in einem kleinen Hinterhof gelegen.

48 Mundo King Art Museum ★ [G1]

Das außergewöhnliche **Kunstmuseum** des 2018 verstorbenen Deutschen **Rolf Schulz** befindet sich in **Sosúa** und wird heute von dem haitianischen Künstler **Lyonel Jean** geleitet. Auch die über Tausend Kunstwerke, die im Museum ausgestellt sind, stammen überwiegend aus haitianischer Hand, viele vom heutigen Betreiber selbst.

Das **fantasievolle Schloss** namens **Castillo Mundo King** ist bereits von Weitem zu erkennen, während der **Rundgang** durch das Museum eher Fragen aufwirft als Antworten gibt. Zu sehen ist eine Mischung aus Gemälden und Skulpturen, deren Themenspektrum von den Urvölkern über Prostitution bis hin zu Außerirdischen reicht. Ein lohnender Besuch, der entweder Verwirrung oder Begeisterung hervorruft, aber bestimmt niemanden unberührt lässt.

› C. Camino Libre, Sosúa, Tel. 8097544567, www.mundokingart museum.com, tägl. 9–20 Uhr, Eintritt: Spende erbeten

49 Cabarete ★★ [G1]

Die perfekte Welle

Der mit rund 15.000 Einwohnern vergleichsweise kleine Ort an der Nordküste genießt seit vielen Jahren Kultstatus. Cabarete ist ein **Mekka für Wellenreiter, Wind- und Kitesurfer.** Das Event **Master of the Ocean** (s. S. 94) zieht jedes Jahr Wassersportler aus der ganzen Welt an. Dieses spezielle Publikum prägt auch die allgemeine Atmosphäre im Ort. Es geht international und leger zu. Zahlreiche Restaurants, Cafés und Bars reihen sich zwischen Hauptstraße und Strand aneinander. Abends füllen sich die Bars und Clubs mit **Nachtschwärmern,** vor allem am Wochenende. Das Ortszentrum ist sehr lebendig, etwas außerhalb sind jedoch überraschend ruhige Ecken zu finden.

Häufig übersehen werden der **Nationalpark El Choco** und die dortigen Höhlen namens **Cuevas de Cabarete.** Dieses Naturparadies liegt einen knappen Kilometer landeinwärts von der Hauptstraße. Der Besuch der drei Höhlen mit einem **Guide** inklusive **Bademöglichkeit** nimmt etwa zwei Stunden in Anspruch. Die Anfahrt zur Höhle ist auf eigene Faust möglich, eine organisierte Tour ab Cabarete ist teurer.

› **Cuevas de Cabarete** <118> C. Principal Callejón de la Loma, Anfahrt per *motoconcho* bis zum Eingang ca. 200 RD$, Eintritt inkl. Guide und Helm 1150 RD$ (bzw. 20 US$). Am besten die Abholung durch ein *motoconcho* direkt bei der Hinfahrt vereinbaren oder die Telefonnummer des Fahrers notieren.

Strände

Die Strände in und um Cabarete sind zum Baden nur bedingt zu empfehlen, zum einen aufgrund des starken Wellengangs und der Strömung, zum anderen wegen der vielen Wind- und Kitesurfer im Wasser. Am ehesten ist noch die **Playa Cabarete** im Ortszentrum zum Schwimmen geeignet, man sollte sich allerdings nahe am Strand aufhalten. Die **Playa Encuentro** westlich des Zentrums ist fest in Händen der Surfer, der etwas nähere **Kite Beach** das Revier der Kitesurfer.

Infos und Reisetipps

› **Anfahrt:** *Guaguas* verkehren zwischen Puerto Plata 46 und Río San Juan 50, manche sogar bis Nagua und Sánchez. Cabarete liegt direkt an der Strecke und ist somit aus beiden Richtungen problemlos erreichbar. Abfahrt in Puerto Plata am Krankenhaus Ricardo Limardo (100 RD$).

› **Stadtverkehr und Ausflüge:** in und um Cabarete am besten mit *motoconchos*

Unterkünfte

› **El Encuentro Surf Lodge & Restaurant** €€ <119> El Encuentro, ca. 6 km westlich von Cabarete, Tel. 8296415394, www.

elencuentrosurflodge.com. Schickes, kleines Hotel in ruhiger Lage, ca. 250 m von der Playa Encuentro entfernt. Bei Surfern beliebt. Geräumige, behagliche Zimmer mit kleiner Terrasse. Großer Pool im Garten und Restaurant zugehörig.

› **Natura Cabana** €€€€ <120> C. Paseo del Sol 5, Perla Marina, ca. 7,5 km westlich von Cabarete, Tel. 8492147010, www.naturacabana.com. Traumhafte kleine Anlage mit Bungalows aus Naturmaterialien in einem üppigen Tropengarten. Geschmackvolle Zimmer, Pool und Strandzugang. Ein Ort zum Wohlfühlen. Auf der Homepage findet man oft Angebote mit 20–50 % Rabatt auf die regulären Preise, dann bedenkenlos zu empfehlen.

Essen und Trinken

› **Encuentro Food Park** €-€€ <121> Carr. Sosúa – Cabarete, ca. 4 km westlich von Cabarete, Mi.–Mo. 16–22 Uhr. Einladender Food Park mit relaxter Atmosphäre und vielseitigem Angebot: Pizza, Pasta, Fast Food, asiatische Gerichte und mehr.

› **Swai Restaurant & Bar** €€ <122> Callejón de la Loma, Tel. 8096107762, Di.–So. 18–23 Uhr. Ungewöhnliches Restaurant mit eigener Fischzucht im Anbau, die man besichtigen kann. Sehr sympathischer deutscher Besitzer aus dem Schwarzwald. Die Spezialität ist Ceviche.

› **Vagamundo Coffee & Waffles** € <123> Carr. Principal, Tel. 8295628869, www.vagamundocoffee.com, tägl. 7–17 Uhr. Chilliges Café mit Kaffeespezialitäten und köstlichen Waffeln.

Nachtleben

› **OJO-Club** <124> Centro de Cabarete, Tel. 8297458811, So.–Mi. 10.30–1, Do. 10.30–2, Fr./Sa. 10.30–3 Uhr. Tagsüber chilliger Beach Club, abends beliebter Party-Spot.

50 Río San Juan ★ [H2]

Der **beschauliche Ort** ist bekannt für seine Lagune, die **Laguna Gri-Gri** 51, und die nahe gelegenen **Traumstrände** wie Playa Grande und Playa Preciosa (beide s. S. 70). Auf dem Ra-

040id-th

dar der Reisenden ist die Gegend noch nicht wirklich angekommen, was ein sehr authentisches Besuchserlebnis ermöglicht. Allerdings ist auch die touristische Infrastruktur eher überschaubar: Es gibt nur wenige Hotels, dafür sind privat vermietete **Ferienwohnungen und Apartments** sehr beliebt und reichlich vorhanden. Aufgrund der schönen Strände und der gemächlichen Atmosphäre ist die Gegend inzwischen bei internationalen Stars wie Mark Wahlberg, Michael Jordan und Jennifer Lopez populär geworden.

51 Laguna Gri-Gri ★★ [H2]

Die Laguna Gri-Gri war bis 1958 nur eine unscheinbare Quelle. Durch ein Erdbeben stieg der Grundwasserspiegel an und das Gewässer bildete sich. Der **Name** geht auf einen um die Lagune weit verbreiteten Laubbaum zurück.

Die Lagune ist Ausgangspunkt einer beliebten **Bootstour**, die durch die **Mangroven** führt und bei der man anschließend die **Playa Caletón**, eine am Meer gelegene **Höhle** und einen **Naturpool** *(piscina natural)* besucht. In den Mangroven bietet sich die Gelegenheit zur **Vogelbeobachtung.**

- im Ortszentrum, tägl. 8–16.30 Uhr
- **Bootstour:** ca. 1 Std., direkt vor Ort buchbar, Preise: 1500 RD$ für 1 Pers., 2000 RD$ für 2 Pers. oder 2500 RD$ für 3–5 Pers.

Strände

- **Playa Los Mino:** direkt im Ortszentrum, überraschend ruhig und wenig besucht. Das flache Wasser und der sanfte Wellengang bieten ideale Badebedingungen. Lohnenswert sind hier auch die fantastischen Sonnenuntergänge.
- **Playa Caletón:** kleiner, bei Einheimischen beliebter Strand außerhalb der

Meine Tipps

Kaffeepause in der Gärtnerei

Auf dem Weg nach **Cabrera** 52 bietet sich ein Stopp direkt an der Hauptstraße an. Die alteingesessene **Gärtnerei,** die bereits unzählige Hotelanlagen, Golfplätze und Villen in der Region begrünt hat, besitzt ein idyllisches, kleines **Café** mit bequemen Sitzgelegenheiten im Schatten der vielfältigen Flora. Neben Kaffeespezialitäten stehen Frühstücksoptionen, Süßspeisen und kleine Gerichte auf der Karte.

- **Cappuccino & Vivero Flor Café** €-€€ <129> Autopista 5 Cabarete – Nagua, Tel. 8095897892, www.facebook.com/ViveroFlorCafe, Mi.–Mo. 7–18 Uhr

Leuchtturmruinen am wilden Kap

Das **Naturdenkmal Cabo Francés Viejo** liegt auf einer **Landzunge** an der wilden Steilküste. Mit einem *motoconcho* oder der *guagua* in Richtung Río San Juan 50 ist der **Abzweig zur Playa El Bretón** zu erreichen (ca. 10 Min. von Cabrera 52). Einige Meter unterhalb befindet sich ein kleiner **Parkplatz.** Rechts führt ein Weg zur **Playa El Bretón,** links steht das kleine **Holzhäuschen der Parkverwaltung** auf einer Wiese. Daran vorbei führt ein schmaler Pfad in den Wald. Unterwegs bietet sich ein erstklassiger Ausblick hinunter zum Strand. Nach etwa 10 Min. Fußweg auf schattigem Pfad ist die Landzunge erreicht. Die **Ruinen zweier Leuchttürme** erinnern an die frühere Bedeutung des Ortes. Der Blick schweift weit über den felsigen Küstenstreifen.

- **Monumento Natural Cabo Francés Viejo** <130> Autopista 5 Cabarete – Nagua, Eintritt frei

Steilküste am Cabo Francés Viejo

Ortsmitte, in wenigen Minuten erreichbar. Beste Badebedingungen, zudem etliche einfache Restaurants, die überwiegend Fisch anbieten. Wer mehr Ruhe wünscht, der kann am linken Rand um den Zaun herumsteigen und ca. 5 Min. dem schmalen Pfad folgen. Am Ende wartet die traumhafte **Badestelle El Pontón** in den Mangroven, die man – abgesehen vom Wochenende – meist für sich allein hat.

› **Playa Grande:** etwas außerhalb gelegener Strand mit echter Karibikidylle, in gut 10 Min. per *motoconcho* erreichbar. Der lange, breite Sandstrand gehört zu den reizvollsten an der Nordküste. Im vorderen Teil gibt es einfache Restaurants, Bars und Souvenirläden. Der hintere Teil jedoch, in Richtung des Luxushotels Amanera, ist beinahe unberührt und lädt zu entspanntem Strandvergnügen ein.

› **Playa Preciosa:** kleiner Strand direkt neben der Playa Grande, am großen Parkplatz hält man sich rechts anstatt geradeaus zu gehen. Feiner goldfarbener Sand und unzählige Palmen sorgen dafür, dass dieser Strand seinem Namen („bildschön") alle Ehre macht.

Infos und Reisetipps

› **Anfahrt:** Zwischen Santo Domingo und Río San Juan verkehrt Caribe Tours (500 RD$). Am Nachmittag besteht auch eine Verbindung ab Puerto Plata 46. Ab Puerto Plata und Cabarete 49 fahren regelmäßig Sammeltaxis und *guaguas* nach Río San Juan (ca. 100–200 RD$).

› **Stadtverkehr und Ausflüge:** Vor Ort werden *motoconchos* genutzt. Zur Playa Caletón sind es z. B. 100 RD$, zur Playa Grande und Playa Preciosa kostet die Fahrt ca. 250 RD$.

Unterkunft

› **Playa Paraíso** €€ <125> Villa Magante, ca. 14 km (gut 20 Min. Fahrt) westlich von Río San Juan, Tel. 8293693584, www.paraisodr.com. Unmittelbar am Strand gelegene Unterkunft. Der kleine Familienbetrieb beinhaltet ein ausgezeichnetes Restaurant und drei gemütliche Bungalows mit Ventilator und kleiner Terrasse. Sympathische Atmosphäre und unter der Woche sehr ruhig.

Essen und Trinken

› **Cafetería GriGri** € <126> C. Capotillio, Ecke C. Mella, Tel. 8296546777, Mo.–Sa. 7–20, So. 7–13 Uhr. Typische Cafetería mit günstigen Toasts, Sandwiches, Omeletts und frischen Fruchtsäften. Hervorragende Wahl für das Frühstück oder einen Snack zwischendurch.

› **El Mangle Restaurant** €€-€€€ <127> C. Sánchez, an der Laguna Gri-Gri, www.elmanglerestaurante.com, Tel. 8097472039, Mo., Di., Do. 11–22.30, Fr.–So. 11–23.30. Schönes, offenes Restaurant in einmaliger Lage direkt an den Mangroven der Lagune. Internationale Küche mit vielen Fischgerichten.

› **La Casona** € <128> C. Duarte, Ecke C. 30 de Marzo, Tel. 8095892597, tägl. 9–21 Uhr. Leckere, frisch zubereitete Empanadas mit einer großen Auswahl an Füllungen.

52 Cabrera ★★ [I2]

Cabrera ist der Geheimtipp für Wasserratten.

Cabrera ist noch ruhiger als Río San Juan 50 und wird bislang nur von einheimischen Reisenden und wenigen ausländischen, vor allem aus den USA stammenden Touristen aufgesucht. Die **Malecón** genannte Uferpromenade ist einen Spaziergang wert. Es gibt einige **Restaurants** mit Sicht auf die mächtigen Wellen, die sich an der hiesigen Steilküste brechen. Rund um den **Parque Central** finden sich Cafés, Restaurants und Fast-Food-Anbieter.

Als Cabrera wird jedoch nicht nur der eigentliche Ort bezeichnet, sondern die gesamte, in Richtung Nagua verlaufende **Küstenlinie,** die kurz hinter der Playa Grande beginnt und etwa bis zur Playa Arroyo Salado 55 reicht. Die einzelnen Attraktionen liegen recht weit verstreut und ohne Mietwagen wird man einige Kilometer auf dem *motoconcho* oder per Taxi zurücklegen müssen. Die Küste ist auf diesem Abschnitt eher wild und von **steilen Klippen** geprägt – Strände gibt es zwar auch, aber bei Weitem nicht so viele wie um Río San Juan. Dafür bietet Cabrera eine Vielzahl von erfrischenden **Bademöglichkeiten** in anderer Form: den **Wasserfall El Saltadero** 53, die berühmte **Laguna Dudú** 54 und den weniger bekannten **Lago Azul** (s. S. 72), auch bekannt als **Blue Lagoon.**

Wer einmal einem **Zigarrenroller** über die Schulter schauen möchte, es aber nicht zur Tabacalera La Aurora 29 in Santiago 28 schafft, der kann dies im Laden von **Viviana Cigars** (s. S. 72) südlich von Cabrera tun.

53 El Saltadero ★★ [I2]

Das **Naturdenkmal** befindet sich in unmittelbarer Nähe zum Ortszentrum von Cabrera. Nach etwa 10 Min. Fußweg ist der **Wasserfall** am Waldrand erreicht. Eine **Treppe** führt hinunter zum Naturbecken, wo ein erfrischendes Bad möglich ist (Eintritt frei).

Der **Name** „El Saltadero" kommt vom spanischen Verb *saltar* („springen"). Die Einheimischen, vor allem Jugendliche und junge Männer, bieten an, für ein Foto oder Video in den Naturpool zu springen. Dafür möchten sie allerdings ein Trinkgeld – auf jeden Fall sollte man den Betrag vorher abklären (200 RD$ sind absolut ausreichend).

- **Wegbeschreibung:** zu Fuß erreichbar. An der Tankstelle EcoPetróleo am Ortseingang von Cabrera folgt man der unbefestigten Straße bergauf und dann der rechts abzweigenden Straße.

Strände

Badestrände sind eher selten um Cabrera. Die **Playa El Bretón** am **Cabo Francés Viejo** (s. S. 69) liegt eingebettet zwischen zwei Landzungen. Der goldfarbene Sandstrand hat allerdings häufiger mit der Braunalgenart Sargassum zu kämpfen.

Die **Playa Diamante** liegt einige Kilometer außerhalb und überzeugt vor allem durch ihr flaches, ruhiges Wasser, da sie in einer schmalen, tief eingeschnittenen Bucht liegt.

Infos und Reisetipps

- **Anfahrt:** Abfahrt der *guaguas* am Ortsausgang von Río San Juan 50, gegenüber der Tankstelle (100 RD$). Aus Richtung Samaná ist Cabrera über Sánchez und Nagua zu erreichen.
- **Ausflüge:** In und um Cabrera bewegt man sich am besten mit *motoconchos* oder mit den regelmäßig entlang der Küste verkehrenden *guaguas* (z. B. zur Laguna Dudú 54).

Unterkünfte

- **Cabrera Chalet** €€ <131> Urbanización Magic Spot 12, La Catalina, Tel. 8097571175, www.cabrera-chalet.com. Familiär geführtes Hotel in den grünen Hügeln über Cabrera. Schöner Pool im Garten und gemütliche Zimmer.
- **Down Town Cabrera Inn** € <132> Autopista 5 Cabrera – Nagua, direkt an der Hauptstraße, am Ortseingang, https://down-town-cabrera-hotel.business.site, Tel. 8095898295. Schlichte Zimmer mit A/C, TV und Kühlschrank. Kleiner Pool und Bar auf einer aussichtsreichen Dachterrasse. Mit Restaurant.

041id-th

Zipline über der Laguna Dudú – Timing und Haltung sind hier entscheidend für eine sanfte Landung im kühlen Nass

MEIN TIPP

Lago Azul

In der Nähe der **Laguna Dudú** 54, ca. 20 Min. zu Fuß entlang der Hauptstraße in südliche Richtung, lockt der merklich kleinere Lago Azul („Blauer See"), auch **Blue Lagoon** genannt. Die **kristallklare Lagune** liegt im Schatten einer mächtigen Felswand – perfekt für ein erfrischendes Bad und deutlich weniger besucht als die benachbarte Lagune Dudú.

› **Lago Azul** <135> La Entrada, tägl. 8–18 Uhr, Eintritt: 150 RD$

Essen und Trinken

› **Restaurant El Oso** €€€ <133> Autopista 5 Cabarete – Nagua, Tel. 8295402722, Mo.–Fr. 17–23, Sa. 17–24, So. 12–23 Uhr. Geschmackvoll eingerichtetes Restaurant mit sehr guter Küche (v. a. Steaks und Burger) und entspannter Atmosphäre.

Einkaufen

› **Viviana Cigars Factory** <134> La Llanada, Autopista Cabrera – Nagua, ca. 4 km südlich von Cabrera, Tel. 8493572993, https://viviana-cigars-factory.negocio.site, Mo.–Fr. 8–17, Sa. 9–16 Uhr. Handgerollte Zigarren und landestypisches Kunsthandwerk.

54 Laguna Dudú ★★★ [I2]

Adrenalin und Abkühlung

Die Laguna Dudú ist die wohl beliebteste Attraktion der gesamten Region. Sie zieht Einheimische aus allen Teilen der Insel an, Urlauber kommen sogar aus Puerto Plata 46 und Santa Bárbara de Samaná 56 angereist. Hauptattraktion ist ohne Zweifel die **große Lagune**, in die man sich mittels einer **Zipline** aus etwa 10 m Höhe hineinfallen lassen kann. Doch Achtung: Eine korrekte Haltung ist entscheidend, sonst wird es schmerzhaft! Es gibt noch eine zweite Lagune, in der man auch entspannt **baden** kann, und eine begehbare **Tropfsteinhöhle**. Ein **Restaurant** auf dem gepflegten Gelände rundet das Angebot ab.

› **Anfahrt:** Ein *motoconcho* von Cabrera 52 zur Lagune kostet ca. 400 RD$. Es ist auch möglich, eine *guagua* in Richtung Nagua zu nehmen. Diese fahren in regelmäßigen Abständen an der Hauptstraße (Autopista 5).

› La Entrada, Tel. 8096975534, https://dudu-lagoon-laguna-dudu.business.site, tägl. 9–17 Uhr, Eintritt: 350 RD$

55 Playa Arroyo Salado ★★ [I2]

Zwar ist der lange, palmengesäumte Strand aufgrund seiner Wellen und starken Strömung zum Baden nur eingeschränkt zu empfehlen, doch steht dafür der **parallel zum Strand verlaufende Fluss** zur Verfügung. Dieser nähert sich dem goldgelben Sandstrand und mündet schließlich bei **La Boca** ins Meer. Zahlreiche einfache **Restaurants und Bars** sorgen für das leibliche Wohl und ermöglichen so einen langen, entspannten Strandtag. Lediglich am Wochenende wird es voll und durchaus laut.

› **Anfahrt:** mit dem *motoconcho* ab Cabrera 52 (ca. 500 RD$) oder per *guagua* bis La Entrada und von dort mit dem *motoconcho* weiter

053id-th

› *Die Strömung an der Playa Arroyo Salado ist mitunter tückisch, daher wird bevorzugt im Fluss gebadet*

Samaná und Nationalpark Los Haitises

Die **Halbinsel Samaná** wird gerne als „Dominikanische Republik im Miniaturformat" bezeichnet, findet sich hier doch auf gerade einmal 863 km² eine außergewöhnliche landschaftliche Vielfalt. **Santa Bárbara de Samaná** 56 ist die Hauptstadt der Halbinsel und der gleichnamigen Provinz – um die Verwirrung komplett zu machen, wird auch die Stadt meist nur Samaná genannt. Sie ist Ausgangspunkt für die beliebten Touren zur vorgelagerten Insel **Cayo Levantado** 57 und in den interessanten **Parque Nacional Los Haitises** 58. Bekannt ist die Region für ihre **Buckelwalpopulation** – **Whale-watching-Touren** sind daher eines der Highlights (s. S. 75).

Im äußersten Nordosten der Halbinsel liegt das kleine Fischerdorf **Las Galeras** 59, umgeben von einigen der schönsten Strände des Landstrichs, darunter die weithin bekannte **Playa Rincón** 61. Ein wahres Paradies findet sich in **El Valle**, wo lediglich eine Handvoll naturnah gebauter Unterkünfte für die überschaubare Anzahl an Besuchern zur Verfügung steht. Der zugehörige **Strand** 62 ist ein wildes Naturjuwel: ein Fluss, der ins Meer mündet, Kokospalmen, steile Felswände und kleine Höhlen mit Süßwasserquellen.

Wer die Halbinsel von der Hauptstadt Samaná aus überquert, passiert zunächst die kleine Gemeinde **El**

Limón mitsamt dem eindrucksvollen **Salto El Limón** 64, dem wohl berühmtesten Wasserfall des Landes.

Im Nordwesten der Peninsula lockt schließlich **Las Terrenas** 65, eines der beliebtesten Reiseziele des Landes: Bilderbuchstrände, eine abwechslungsreiche Gastronomie und ein entspanntes, internationales Ambiente sind auch Anziehungspunkt für viele einheimische Besucher.

MEIN TIPP

Hotel mit Traumpanorama

In den **grünen Hügeln über Santa Bárbara de Samaná** 56 versteckt sich das kleine Hotel Hacienda Cocuyo. Das nachhaltig konzipierte Paradies bietet gemütliche Zimmer, viel Ruhe und vor allem einen **unvergleichlichen Ausblick** auf Cayo Levantado 57 und die Bucht von Samaná. Zwei schöne **Pools** laden zum Baden und Entspannen ein. Eine echte Oase!

› **Hacienda Cocuyo** €€€ <139> Monte Rojo, Anfahrt von Santa Bárbara mit *mototaxi* (ca. 20 Min., 500 RD$), Tel. 8096035059, www.haciendacocuyo.com

054id-th

56 Santa Bárbara de Samaná ★★ [K4]

Santa Bárbara de Samaná ist die **Hauptstadt der Halbinsel und der Provinz Samaná.** Die Stadt wurde 1756 von kanarischen Siedlern gegründet und nach der spanischen Königin Maria Bárbara de Bragança benannt. Sie ist in erster Linie Ausgangspunkt für Touren zum Eiland Cayo Levantado 57 und in den Nationalpark Los Haitises 58. Gleichzeitig ist sie jedoch auch ein wichtiger **Verkehrsknotenpunkt**, denn alle relevanten Orte der Halbinsel sind über Santa Bárbara de Samaná erreichbar.

Die ikonischen **Fußgängerbrücken** in der Bucht verbinden die beiden kleinen Inseln **Cayo Linares** und **Cayo Vigía** mit dem Festland. Ein Spaziergang ist lohnenswert und hält weite Ausblicke über die Bucht und auf die Stadt bereit. Am **Malecón**, wie die breite Uferpromenade genannt wird, finden sich zahlreiche Restaurants und Bars. Die farbenfroh gestrichenen Holzhäuschen des **Pueblo Príncipe** am Kreisverkehr zu Beginn des Malecóns erfüllen vor allem dekorative Zwecke. Hier haben sich unter anderem eine Bank, ein Nachtclub und mehrere Souvenirläden angesiedelt.

Die Stadt besitzt zwei schmucke Kirchen, die direkt nebeneinander stehen: die katholische **Kathedrale von Samaná** und die rund 200 Jahre alte evangelische **Iglesia San Pedro**, die auch „La Churcha" genannt

Cayo Levantado: Gerüchten zufolge wurde hier ein Werbespot der Marke Bacardi gedreht

wird – Letztere ist das älteste Gebäude in Samaná.

Badevergnügen verspricht der **Stadtstrand Playa Cayacoa** unterhalb des großen Hotels Bahía Príncipe Grand Cayacoa direkt am Beginn der besagten Brücke in der Bucht.

Das privat betriebene **Museo de las Ballenas** informiert über die jährlich wiederkehrenden **Buckelwale** (s. unten) und zeigt ein Walskelett in Originalgröße. Mit dem Besuch unterstützt man die Arbeit der Organisation, die das Museum unterhält. Sie hat sich dem Schutz der Bucht von Samaná und angrenzender Lebensräume verschrieben.

› **Museo de las Ballenas** <137> Av. La Marina, Tel. 8095382042, www.samana.org.do, Mo.–Fr. 9–16 Uhr, Eintritt: 150 RD$

57 Cayo Levantado ★★ [K4]

Das **vorgelagerte Eiland** ist auch als **„Bacardi-Insel"** bekannt: Bis heute hält sich hartnäckig das Gerücht, dass am weißen, palmengesäumten Sandstrand ein Werbespot der bekannten Rummarke gedreht worden sei. „Summer dreaming" ist aber auf jeden Fall angesagt, sobald die Füße den warmen Sand berühren. Eine einsame Insel darf man allerdings nicht erwarten, denn der Ausflug hierhin ist beliebt und als **touristisches Gesamterlebnis** ausgebaut, das einen Besuch der Restaurants, Bars und zahlreichen Souvenirläden im Zentrum beinhaltet. Der südliche Teil der Insel ist von einem Luxushotel besetzt.

Der Besuch der Cayo Levantado ist nur im Rahmen einer **organisierten Tour** möglich, der man sich am **Ma-**

Die Buckelwale in der Bucht von Samaná

Jedes Jahr von Mitte Januar bis Ende März empfängt die Bucht von Samaná eine ganz besondere „Touristengruppe". Rund 2000 Buckelwale reisen aus den kalten Gewässern um Grönland und Island in die vergleichsweise flache Bucht. Hier finden sie die idealen Bedingungen für Paarung und Geburt. Die Neugeborenen sind noch sehr dünnhäutig und müssen zunächst eine ausreichend dicke Fettschicht aufbauen, bevor sie wieder in die kälteren Heimatgewässer zurückkehren können.

Da die Tragzeit der Buckelwale ca. zwölf Monate beträgt, kehren sie ein Jahr nach der Paarung zurück, um im warmen Wasser zu kalben. Sobald die jungen Wale mit vier oder fünf Jahren selbst die Geschlechtsreife erreichen, kommen sie an ihren Geburtsort zurück, um sich nun selbst zu paaren. Die friedlichen Meeresriesen werden 12 bis 15 m lang und bis zu 30 t schwer. Höhlenmalereien der indigenen Taínos (s. S. 40) auf der Halbinsel lassen darauf schließen, dass die Buckelwale die Dominikanische Republik bereits Jahrhunderte vor Kolumbus' Ankunft aufsuchten.

In Santa Bárbara de Samaná 56 bieten mehrere lokale Agenturen die beliebten Ausfahrten zur Walbeobachtung an. Die Touren werden sehr behutsam durchgeführt: Die Anzahl der Boote, deren Geschwindigkeit und der Mindestabstand zu den Tieren sind streng geregelt. Die Kanadierin Kim Beddall von Whale Samaná gilt als äußerst fachkundige Expertin und ermöglicht interessierten Besuchern seit über 20 Jahren unvergessliche Begegnungen mit den Meeressäugern.

› **Weitere Infos unter:** www.whalesamana.com/de

MEIN TIPP

Übernachtung im Garten Eden

In **Sánchez** [J3] ganz im Südwesten der Halbinsel Samaná, lockt auf einem Hügel oberhalb der Hauptstraße ein verstecktes Paradies. Das Boutiquehotel **Jardines La Loma** bietet vier moderne, komfortable Zimmer. Eingebettet ist das Hauptgebäude in einen riesigen **Tropengarten,** zwei kleine **Pools** ergänzen die karibische Idylle. Paola und ihre Mutter kümmern sich mit viel Liebe um die Verpflegung der Gäste mit **landestypischer Küche.** Vom Grundstück aus eröffnet sich ein **wundervoller Ausblick** über die Bucht von Samaná und auf den Nationalpark Los Haitises 58 in der Ferne.

› **Jardines La Loma** €€€ <136> Carr. Las Terrenas – Sanchez, Km 1, nur wenige Meter vom Cruce de Sánchez entfernt (Kreuzung nach Las Terrenas), Tel. 8297237799, www.jardineslaloma.com

lecón von Santa Bárbara de Samaná anschließen kann. Der Anbieter **Victor Tours** hat den Ausflug in Kombination mit einem Besuch des Nationalparks Los Haitises 58 im Programm. Diese Variante ist empfehlenswert, da so ein abwechslungsreiches Tagesprogramm zusammenkommt.

› **Victor Tours,** Tel. 8099644866, Abfahrt am Malecón tägl. um 9.15 Uhr, Dauer: 6 Std., Kosten: Kombitour mit Los Haitises 58 3000 RD$ pro Person inkl. Mittagessen und Getränken auf dem Boot

Infos und Reisetipps

› **Anfahrt ab Santo Domingo:** Caribe Tours (s. S. 130) fährt zweimal täglich von Santo Domingo nach Santa Bárbara de Samaná (500 RD$), Abfahrt um 14.30 und 16.30 Uhr. Transporte Samaná verkehrt regelmäßig zwischen Santo Domingo und Samaná (400 RD$).

› **Anfahrt ab Santiago** 28: mehrmals täglich Busse, Abfahrt in der C. Francisco Bonó 104 (400 RD$)

› **Stadtverkehr und Ausflüge:** In Santa Bárbara kommt man mit *motoconchos* von A nach B. Mit den *mototaxis* gibt es eine komfortablere Variante, die vor allem dann sinnvoll ist, wenn eine längere Strecke mit Gepäck zurückgelegt wird.

Unterkunft

› **Casa Docia Hotel** €€ <138> C. Theodore Chasereaux 30, Tel. 8095382497, www.facebook.com/casadociard. Zweckmäßige Zimmer mit A/C und TV in zentraler Lage. Ein kleiner Pool samt Terrasse steht zur Verfügung.

Essen und Trinken

› **D' José Pollo al Carbón** € <140> Av. Circunvalación, Ecke C. Francisco del Rosario Sánchez, tägl. 10–23 Uhr. Einfaches Grillrestaurant, das bei Einheimischen sehr beliebt ist. Die Spezialität sind Grillhähnchen.

› **Santa Bahía Kitchen & Bar** €€-€€€ <141> Av. La Marina – Plaza Pueblo Príncipe, Tel. 8095380022, tägl. 7–24 Uhr. Schmuckes Restaurant mit hervorragender Küche. Großes Angebot von Frühstück über Pizza aus dem Holzofen bis hin zu kreativ interpretierter lokaler Küche.

58 Parque Nacional Los Haitises ★★★ [J4]

Eine urtümliche Landschaft wie aus einem Piratenfilm

Der **Nationalpark Los Haitises** wurde 1976 eingerichtet und umfasst eine Fläche von rund 1600 km², verteilt auf die Bucht von Samaná und das Festland. Der touristisch erschlossene Teil liegt rund um die Bucht **Bahía San Lorenzo** nahe dem Ort **Sabana de la Mar** [K4]. Die fast unwirkliche Landschaft ist geprägt von grünen

075id-th

Hügeln, steilen Karstfelsen, schmalen Buchten und dichten Mangroven. Es gibt auch versteckt gelegene, verwunschene **Höhlen**, die schon zur Zeit der **Taínos** (s. S. 40) erschlossen waren. Auch der **Name** geht auf die Taínos zurück, bedeutet er doch so viel wie „Land der Berge", was sich beim Blick auf die schier endlosen Hügelketten von selbst erklärt.

Meist wird der Nationalpark von Santa Bárbara de Samaná 56 aus im Rahmen einer **Kombitour** zusammen mit der Insel Cayo Levantado 57 besucht. Eine solche Kombitour hat zum Beispiel **Victor Tours** (s. S. 76) im Angebot. In der Regel gehört eine Bootsfahrt durch die Mangroven und entlang der zerklüfteten, bizarr geformten Küste zum Programm. Zwei Höhlen mit Taíno-Piktogrammen werden ebenfalls besichtigt. Unterwegs lassen sich zahlreiche Wasservögel beobachten, darunter der **Braunpelikan** und der **Prachtfregattvogel**, aber auch der **Gavilán de la Hispaniola**, eine endemische Sperberart, die leider stark bedroht ist.

Zwischen Samaná und Sabana de la Mar verkehrt täglich eine **Personenfähre** von Hafen zu Hafen. Die etwas wackelige Überfahrt dauert gut eine Stunde.

- **Anfahrt und Touren:** Personenfähre Santa Bárbara de Samaná 56 – Sabana de la Mar tägl. um 7, 9, 11 und 15 Uhr (Abfahrt in beide Richtungen zeitgleich), Fahrzeit: ca. 1 Std., Preis: 300 RD$. Von Sabana de la Mar gelangt man für ca. 500 RD$ mit einem *motoconcho* in das Ökoresort Paraíso Caño Hondo (s. unten). Von dort werden naturverträgliche Touren angeboten, z. B. eine Wanderung durch den Nationalpark oder eine Kajaktour durch die Mangroven.
- **Paraíso Caño Hondo** €€€ <142> Los Haitises – Sabana de la Mar, https://paraisocanohondo.com, Tel. 8292598743. Eines der ersten Ökohotels des Landes, das mittlerweile zu beachtlicher Größe herangewachsen ist. Die Gebäude und Zimmer sind hübsch gestaltet, dabei wurden überwiegend Naturmaterialien verwendet. Die kleinen Naturpools werden von einem Fluss gespeist. Das Hotel bietet auch einen „Day Pass" an, daher wird es am Wochenende oft voll.

Üppig und ursprünglich zeigt sich die Natur im Nationalpark Los Haitises

MEIN TIPP

Küstentour 7 Playas Escondidas

Wenn jemand von „Genusswandern" spricht, dann muss wohl diese Tour gemeint sein: eine entspannte Küstenwanderung mit ausgiebigen Badepausen, die im Rahmen einer **organisierten Tour** möglich ist.

Den Auftakt bildet die **Cueva Duarte** unmittelbar beim Startpunkt. Nach Verlassen der Höhle bietet sich von der kleinen **Anhöhe** ein weiter Ausblick über die Küste. Auf einem schmalen Pfad erfolgt der kurze Abstieg zur **Playa Caletón.**

Die nächsten vier Stunden folgen demselben Muster: Man wandert auf einem naturbelassenen, meist schattigen Pfad in Küstennähe und erreicht einen nahezu unberührten, feinsandigen Strand, wo man im türkis glitzernden Meer ein erfrischendes Bad nimmt. Lediglich die Namen ändern sich: **Playa Escondida, Playa Colorada I, Playa Colorada II, Playa El Ermitaño, Playa del Amor** und schließlich **Playa Breman.**

Auch für das leibliche Wohl ist gesorgt: Die Wandertour beinhaltet ein landestypisches **Mittagessen** am Strand. Unbedingt sollte man jedoch ausreichend **Trinkwasser** mitnehmen und auf guten **Sonnenschutz** achten.

› **Anfahrt:** mit der *guagua* von Santa Bárbara de Samaná 56 nach Las Galeras 59 (150 RD$), von dort weiter mit dem *motoconcho* zum Ausgangspunkt

› **Details und Buchung:** Exotic Samaná, Tel. 8295142626, www.exoticsamana.com, 2800 RD$ pro Person, ca. 6 Std. (5 km) hin und zurück, davon 2 Std. Gehzeit, Startpunkt am kleinen Parkplatz am Ende der C. Javo Beach vor dem Sunset Samaná Boutique Hotel

59 Las Galeras ★★ [L3]

Traumstrände für Genießer: Rund um Las Galeras kann man jeden Tag einen anderen Strand entdecken.

Das beschauliche **Fischerdorf** Las Galeras liegt im Nordosten der Halbinsel Samaná, zwischen den Landspitzen **Cabo Cabrón** und **Cabo Samaná.** Es gibt einige Restaurants, kleine Hotels und Bed-and-Breakfast-Unterkünfte, doch Touristenmassen sind hier nicht zu befürchten. Mit der **Playa La Playita** liegt ein einladender Strand quasi direkt vor der Haustür, zahlreiche weitere Badebuchten sind von hier aus gut zu erreichen, darunter auch die bekannte **Playa Rincón** 61, die schon einige Male in die Liste der schönsten Strände der Welt aufgenommen wurde. Die *guaguas* in Richtung Santa Bárbara de Samaná 56 fahren am Hauptstrand namens **Playa Grande** ab.

Organisierte Wanderungen führen zum schroffen **Cabo Cabrón** im äußersten Nordosten, von der **Marmormine** zur eindrucksvollen **Playa Frontón** 60 und entlang der **Siete Playas Escondidas,** wo sich gleich sieben paradiesische Strände aneinanderreihen (s. links).

Strände

Viele Strände um Las Galeras sind sehr einsam und **abgelegen.** Dies begünstigte in der Vergangenheit vereinzelte Überfälle. Abgelegene Strände sollte man am besten in kleinen Gruppen, in Begleitung eines Einheimischen (Motoconcho-Fahrer, Bootskapitän oder Guide) oder im Rahmen einer organisierten Tour besuchen. Playa Grande und La Playita direkt im Ort sind davon ausgenommen.

› **Playa Grande:** Der Hauptstrand von Las Galeras liegt am Ende der Hauptstraße, die durch den Ort führt. Vor Ort gibt es einige einfache Restaurants, die überwiegend Fisch und Meeresfrüchte anbieten. Kleine Bars servieren Drinks.

› **Playa La Playita:** Etwas ruhiger und idyllischer, vor allem zum Sonnenuntergang, zeigt sich dieser Strandabschnitt auf der westlichen Seite der Landzunge Punta Las Galeras. Geringer Durchgangsverkehr, nur wenige Boote landen an. Es gibt keine Hotels direkt am Strand und nur ein einziges Restaurant. Der recht sanfte Wellengang macht das Baden hier angenehm, auch wenn man hin und wieder auf Korallengestein tritt – also vorsichtig gehen oder Wasserschuhe tragen.

Infos und Reisetipps

› **Anfahrt ab Santa Bárbara de Samaná** 56: Die *guaguas* fahren von der zentralen *parada* (Haltestelle) an der Hauptstraße auf Höhe des kleinen Marktplatzes ab. Auf dieser Strecke werden überwiegend umgebaute Pickups genutzt (150 RD$).

› **Anfahrt ab Santo Domingo:** Transporte Samaná fährt dreimal täglich von Santo Domingo nach Las Galeras (Abfahrtszeiten 6, 7.30 und 12.05 Uhr, 500 RD$).

Unterkunft

› **Chalet Tropical Bio-Hotel** €€-€€€ <143> C. Chalet Tropical, Tel. 8492059973, www.chalettropical.com. Kleines Paradies in einem tropischen Garten. Die farbenfroh eingerichteten Bungalows verfügen über A/C und eine Küchennische mit Kühlschrank. Jeder Bungalow bietet einen kleinen privaten Pool. Ein Ort zum Wohlfühlen und Abschalten.

044id-th

Sonnenuntergang über der zentral gelegenen Playa Grande in Las Galeras

Essen und Trinken

› **Jorena Beach Bar-Restaurante** €€ <144> Carr. Principal (Hauptstraße), Tel. 8297306639, Do.–Di. 10–22 Uhr. Vielseitiges Speisenangebot (Salate, Sandwiches, Pasta, Fleisch und Fisch).

60 Playa Frontón ★★★ [L3]

Unvergleichlicher Bilderbuchstrand unter dem Tafelberg

Die Playa Frontón ist anders als andere Strände: Zwar hat sie den feinen, weißen Sand, die grünen Palmen und das Meer in karibischen Türkistönen mit den anderen Stränden des Landstrichs gemein, doch ist die **Kulisse** wahrlich einzigartig. Der paradiesische Strand erstreckt sich direkt unterhalb einer gewaltigen, senkrecht stehenden Felswand. Diese ist Teil des **Tafelbergs** auf dem **Cabo Samaná.** Am besten ist die Playa Frontón **per Boot** von Las Galeras 59 aus erreichbar.

Der lokale Anbieter **Exotic Samaná** hat eine **Bootstour** im Angebot, die neben der Playa Frontón auch die beiden Strände Playa Aserradero und Playa Madama sowie die dortige Höhle beinhaltet.

Eine spannende **organisierte Wanderung** führt von der **Marmormine** (ca. 13 km südöstlich von Las Galeras) an der Küste entlang zum Strand, durch teils dichten Wald und vorbei an einigen Höhlen. Die Gehzeit beträgt ca. 1 Std., die Begleitung durch einen ortskundigen Guide wird unbedingt empfohlen.

- **Tour mit Exotic Samaná:** 3000 RD$ pro Person inkl. Mittagessen. Der Preis entspricht den Kosten für ein privat angeheuertes Boot, daher für Alleinreisende die bessere Option. Tel. 8295142626, www.exoticsamana.com.
- **Wanderung von der Marmormine zur Playa Frontón:** Buchung bei Raquel Samboy, Tel. 8098153434 (meist im Restaurant La Playita am Strand zu finden)

Links die Playa Rincón, rechts der Fluss Caño Frío, der ins Meer mündet

61 Playa Rincón ★★★ [L3]

Postkartenidylle deluxe

Die kilometerlange Playa Rincón ist ein weißer, feinsandiger Strand, der von unzähligen Kokospalmen gesäumt ist. Das türkisblaue Meer schwappt meist ruhig ans Ufer. In der Vergangenheit wurde die Playa Rincón unter anderem vom Reisemagazin Condé Nast Traveler unter die **zehn schönsten Strände der Welt** gewählt. Selbst unter Dominikanern löst der Name unweigerlich Sehnsucht nach einem Strandtag aus.

Am westlichen Ende des langen Strandes befinden sich einige einfache **Restaurants**, die wie üblich vor allem Fisch und Meeresfrüchte zubereiten. Direkt dahinter mündet der **Fluss Caño Frío** in das Meer. Nicht wenige ziehen die **Badestellen** im kühlen, kristallklaren Fluss dem Strand vor. Wenn man dem Pfad am Fluss entlang folgt, gelangt man zu insgesamt **drei kleinen Naturpools**, in denen man, umgeben von **Mangroven**, herrlich baden kann.

046id-th

Am einfachsten ist die Playa Rincón von Las Galeras 59 aus **per Boot** zu erreichen, aber auch eine Anfahrt mit dem *motoconcho* oder der *guagua* ist möglich.

- **Anfahrt per Boot:** lancha (einfaches Schnellboot) inkl. Kapitän ab Las Galeras 59 für ca. 2500–3000 RD$
- **Weitere Anfahrten:** Ein *motoconcho* von Las Galeras 59 kostet ca. 400 RD$, je nach Verhandlungsgeschick. Alternativ fährt man per *guagua* von Las Galeras in Richtung Santa Bárbara de Samaná 56 und steigt am Abzweig zur Playa Rincón aus. Von dort gelangt man per *motoconcho* ans Ziel (ca. 300 RD$).
- **Aventura Rincón Ecolodge** €€ <145> Camino Real, La Sangría, Tel. 8097070434, www.aventurarinconeco lodge.com, Anfahrt: per *guagua* bis zum Abzweig zum Strand an der Hauptstraße, von dort per *motoconcho* zur Lodge (ca. 300 RD$). Es gibt auch eine selten verkehrende *guagua*, die von Santa Bárbara (gleiche Haltestelle wie nach Las Galeras) direkt nach Rincón fährt. Für zusätzliche 75 RD$ setzt sie Fahrgäste an der Lodge ab. Liebevoll angelegte Lodge mit urigen Bungalows auf einem riesigen Grundstück. Das naturverbundene Erlebnis wird durch die bodenständige, sehr leckere dominikanische Küche ergänzt. Ein einladender Pool bietet die Möglichkeit zur Erfrischung.

62 Playa El Valle ★★★ [K3]

Verstecktes Naturparadies

Der Ort **El Valle** ist ein – noch – wohlgehütetes Geheimnis auf der Halbinsel Samaná. Die kleine Gemeinde erstreckt sich entlang der Straße, die sich über steile Hügel und durch dichten Wald bis zur wilden Playa El Valle zieht. Es gibt einen kleinen Supermarkt, einige *colmados*, Restaurants und eine Handvoll Unterkünfte, die harmonisch in die Umgebung integriert sind. Hier geht es ausgesprochen entspannt zu.

Der breite **Strand Playa El Valle** zeichnet sich durch eine unvergleichliche Vielfalt aus: Eingerahmt von grünen Hügeln, mündet am westlichen Ende der Fluss **Río San Juan** in das Meer. Im zentralen Bereich rund um den Parkplatz gibt es einfache **Restaurants**, unzählige Fischerboote liegen hier pittoresk im Sand. Auf der Ostseite ragen steile **Felswände** in den Himmel, durchsetzt von kleinen **Höhlen.** Einige der Höhlen werden unterirdisch mit kaltem Wasser gespeist – ein eiskaltes Badevergnügen. Ein weiterer Fluss namens **Río Caletón** fließt am Strand entlang und ändert konstant seinen Lauf, was dazu führt, dass der Strand hier permanent sein Erscheinungsbild ändert.

Infos und Reisetipps

- **Anfahrt:** Von Santa Bárbara de Samaná 56 aus ist El Valle per Taxi, *motoconcho* oder *mototaxi* erreichbar (ca. 1000 RD$). Die letztgenannte Variante ist ideal, um die Landschaft zu genießen.

Unterkünfte

- **El Valle Lodge** €€€ <146> El Valle Rincón Trail, Tel. 8093994325, www.elvalle lodge.com. Elegante Ecolodge mit schönen Bungalows und einem hervorragenden Restaurant. Auf dem Grundstück befinden sich eine Lagune und ein Fluss, was einen guten Moskitoschutz notwendig macht. Es kommt echtes „Dschungel-Feeling" auf.
- **La Colmena Cabins** €€ <147> Carr. Samaná – El Valle, Km 1, Tel. +5491165415053, www.instagram. com/lacolmenacabins. Gemütliche Bungalows mit privater Außendusche in einem grünen Tropengarten. Es gibt eine

Gemeinschaftsküche und einen Pool. Das Restaurant in der benachbarten Lodge steht auch hiesigen Gästen zur Verfügung.

Essen und Trinken

- **Pizzhorno El Valle** € <148> Carr. Arroyo Seco, Tel. 8292072077, Fr.–So. 12–21 Uhr. Hervorragende Pizza aus dem Holzofen. Leider nur am Wochenende geöffnet.
- **Restaurante Don Pirón** €-€€ <149> Carr. Samaná – El Valle, Tel. 8092107453, tägl. 9–21 Uhr. Einfaches, angenehmes Restaurant mit sehr guter lokaler Küche.

63 Playa Ermitaño ★★★ [K3]

Einsames Badevergnügen garantiert: Die abgelegene Playa Ermitaño gehört zweifelsohne zu den reizvollsten Stränden der Dominikanischen Republik. Sie überzeugt mit feinem Sand, türkisfarbenem Meer, Kokospalmen und reichlich Ruhe.

Genau genommen werden unter dem Namen Playa Ermitaño drei Strände zusammengefasst, einer schöner als der andere: die **Playa Ermitaño I und II** sowie die winzige **Playa Onda** einige Gehminuten weiter

Zwar existiert ein **Wanderweg**, der über El Limón und Las Canas erreichbar ist, doch ist das Gelände unübersichtlich und sollte nur mit einem erfahrenen **Guide** begangen werden. Üblich ist daher die **Anfahrt mit einem privaten Boot**, meistens von der **Playa El Valle** 62 aus, da dieser Ort am nächsten liegt. Die Fahrt beinhaltet in der Regel ein Mittagessen, Wasser und eine frische Kokosnuss.

- **Anfahrt:** ab Playa El Valle 62, ab 2 Pers. für 2700 RD$ pro Person, Buchung z. B. bei Janler Castro, Tel. 8295428296. Alleinreisende sollten den Kapitän kontaktieren und fragen, ob es möglich ist, sich einer Tour anzuschließen.

64 Salto El Limón ★★★ [K3]

Der Wasserfall von El Limón stürzt gut 40 m in die Tiefe. Das Wasser sammelt sich in einem malerischen Naturbecken, das zu einem erfrischenden Bad einlädt.

Das Naturdenkmal lässt sich gut im Rahmen einer ca. 3 km langen **Wanderung** erreichen (Verlauf s. S. 91). Weil der Wasserfall aber zu den populärsten Ausflugszielen auf der Halbinsel Samaná zählt, ist es ratsam, ihn schon **früh am Morgen** zu besuchen – spätestens um 7.30 Uhr sollte man aufbrechen. So stellt man sicher, dass kaum Maultiere auf dem Weg unterwegs sind und weniger Menschen im Naturbecken baden. Der Weg ist einfach zu finden, was einen Guide überflüssig macht.

Es besteht die Möglichkeit, ein **Maultier** zu mieten, um den Großteil des Weges reitend zurückzulegen. Dies schließt allerdings den frühen Aufbruch aus, da die jungen Männer mit ihren Maultieren erst nach 9 Uhr am Startpunkt sind. Auf jeden Fall sollte man ausreichend **Trinkwasser** mitnehmen. Der **Kiosk** öffnet erst mit Ankunft der Besuchermassen.

- Abzweig an der Hauptstraße beim Paraje El Café, Eintritt: 50 RD$
- **Anfahrt:** Ab dem Ort El Limón ist der Startpunkt in wenigen Minuten per *motoconcho* erreichbar (ca. 150 RD$), alternativ auch per *guagua* in Richtung Santa Bárbara de Samaná 56, was aber länger dauert. Ab Las Terrenas 65 fährt man entweder mit dem Taxi (einfache Strecke 25 US$) oder mit der *guagua* in Richtung Samaná bzw. bis El Limón und von dort weiter mit dem *motoconcho*.
- **Restaurante Santi** € <150> Carr. Las Terrenas, im Zentrum von El Limón, Tel. 8293429976, www.cascadalimonsamana.com/restaurante, tägl.

7–17 Uhr. Beliebtes Restaurant mit guter dominikanischer Küche zu fairen Preisen. Auch Ausflüge, z. B. zum Salto El Limón.

65 Las Terrenas ★★ [J3]

Das ehemalige **Fischerdorf** liegt ganz im Norden der Halbinsel Samaná und hat sich längst zum touristischen Aushängeschild der Region und sogar der gesamten Dominikanischen Republik gemausert. Dennoch gelingt es hier vorbildhaft, ein wohltuendes, entspanntes Ambiente zu bewahren. Aufgrund der vielen französischen und italienischen Residenten strahlt Las Terrenas ein fast **mediterranes Flair** aus. Die **Gastronomie** ist vielseitig, Hotels gibt es in allen Formen und Preisklassen. Großartige **Strände** versprechen Badespaß, egal in welche Richtung man den Ortskern verlässt. Im kleinen Einkaufszentrum gegenüber dem Friedhof gibt es einige **Boutiquen** mit Kleidung und Kunsthandwerk. Hinzu kommt das vielleicht beste **Nachtleben** auf der Halbinsel Samaná.

Strände

- **Playa Punta Popy:** am östlichen Ortsrand von Las Terrenas, ideal zum Entspannen. Mit Strandliegenvermietung und Getränkeverkauf.
- **Playa Las Ballenas:** Der weitläufige, breite Sandstrand ist von Palmen gesäumt und schließt sich am westlichen Ortsrand an den Stadtstrand (Playa Las Terrenas) an. Es gibt Hotels, Restaurants und Bars, allerdings weitläufig gestreut, wodurch es eher ruhig zugeht. Am westlichen Ende mündet der gleichnamige Fluss in das Meer.
- **Playa Bonita:** malerischer, hinter einer Landzunge gelegener Strand, ca. 4 km westlich von Las Terrenas. Per *motoconcho* für 200 RD$ erreichbar. Feiner Sand und Kokospalmen sorgen für Karibik-

Mein Tipp

Naturerlebnis in der Samaná Ecolodge

Eine besondere Übernachtung ermöglicht die Samaná Ecolodge. Die offenen **Bungalows** sind aus Holz gebaut und mit Palmenblättern gedeckt, was ein naturnahes Erlebnis ermöglicht. Die Einrichtung ist dementsprechend einfach, mit Ventilator und Moskitonetz, aber gemütlich und mit viel Liebe zum Detail. Die Lodge befindet sich auf einer großen **Plantage** ein Stück abseits des Ortszentrums von El Limón und bietet viel Ruhe. Es gibt einen **Naturpool** für alle Gäste, einige Bungalows verfügen sogar über einen kleinen Privatpool. Im **Restaurant** wird Frühstück serviert, Abendessen kann auf Vorbestellung organisiert werden.

- **Samaná Ecolodge** €€€ <151> El Limón, Abzweig am Naturpool im Ortszentrum, Tel. 8293168191, www.samanaecolodgerd.com

045id-th

idylle. Obwohl der Strand, der sich über 1 km in die Bucht schmiegt, auch zum Baden geeignet ist, wird der Wellengang am Nachmittag meist etwas rauer und zieht dann überwiegend Wellenreiter an. Die Bar und Lounge des Mosquito Boutique Hotels (s. unten) ist vor allem zum Sonnenuntergang ein beliebter Spot.

- **Playa Cosón:** an der Landspitze Punta Bonita beginnender Strand, der sich kilometerweit gen Westen zieht, zunächst eher schmal und dicht bebaut, im hinteren Bereich deutlich breiter und ruhiger. Besonders schön ist der Abschnitt, wo der Fluss ins Meer mündet.

Infos und Reisetipps

- **Anfahrt ab Santo Domingo:** Transporte Samaná fährt mehrmals täglich von Santo Domingo direkt nach Las Terrenas (Abfahrtszeiten 8.30, 9.30, 11, 13.40, 15 und 18 Uhr, 500 RD$).
- **Anfahrt ab Santiago** 28: Abfahrt in der C. Francisco Bonó 104 (500 RD$), drei Verbindungen täglich um 6.45, 11.30 und 15 Uhr
- **Anfahrt ab Samaná** 56: regelmäßig verkehrende *guaguas* (200 RD$)
- **Stadtverkehr und Ausflüge:** In Las Terrenas sind *motoconchos* das Verkehrsmittel Nr. 1. Wer länger in Las Terrenas bleibt oder etwas abseits übernachtet, der kann darüber nachdenken, ein Quad zu mieten. Anbieter gibt es an jeder Ecke.

Unterkünfte

- **Bed & Breakfast Casa Picaflor** €€ <152> C. Emilio Prudhomme, Tel. 8293082077, https://casapicaflor.business.site. Kleine Oase mit nur drei gemütlichen Zimmern. Wunderschöner Garten mit kleinem Pool. Das Frühstück (gegen Aufpreis) ist sensationell und mit viel Liebe zubereitet.
- **Mosquito Boutique Hotel** €€€ <153> C. José Antonio Martínez, Playa Bonita, Tel. 8099661130, www.mosquitoboutiquehotel.com. Empfehlenswertes Hotel im karibischen Stil direkt am Strand. Geschmackvolle Zimmer und ein chilliges Restaurant mitsamt Lounge. Letztere sind öffentlich zugänglich und werden vor allem am Wochenende recht voll.

Essen und Trinken

- **Empanadas y Más** € <154> C. Pedro Francisco Bonó, Tel. 8299033112, Mo.–Sa. 12.30–15 u. 18.30–21 Uhr (Di. nur abends). Reizendes kleines Restaurant im offenen Anbau des Hauses. Sehr familiär, die kleinen Töchter sitzen oft dabei und machen Hausaufgaben. Die Spezialitäten sind frische Empanadas mit außergewöhnlichen Füllungen und Ceviche.
- **Gelateria Italiana Artesanal NOI** € <155> C. Libertad 1, neben dem Friedhof, Tel. 8093994942, Mo., Mi., Do. 12–22, Fr.–So. 12–22.30 Uhr. Original italienisches Eis und Milchshakes, vor allem das Kokoseis ist ein Gedicht.
- **L' Industrie Pizzeria LT** €€-€€€ <156> C. Duarte, in der Plaza gegenüber dem Friedhof, Tel. 8092405905, tägl. 12–20 Uhr (bzw. bis der Teig aus ist), Mai/Juni und Sept.–Nov. in der Regel geschlossen. Hervorragende Pizza mit teils außergewöhnlichen Zutaten. Der Teig wird jeden Tag frisch und in limitierter Menge hergestellt. Wer zu spät kommt, der wird höflich auf eine andere Gelegenheit verwiesen (am besten vor 19 Uhr dort sein oder reservieren).

Nachtleben

- **El Mosquito Art Bar** <157> C. Francisco Alberto Caamaño Deñó 11, Pueblo de los Pescadores, So.–Do. 18–1, Fr./Sa. 18–3 Uhr. Eine Institution in Las Terrenas. Großartige Atmosphäre auf zwei Etagen: oben elektronische Musik und Reggaeton, unten alles Tanzbare von Merengue über Bachata und Salsa bis hin zu Dembow.

DOMINIKANISCHE REPUBLIK AKTIV

057id-th

Baden

Die Dominikanische Republik bietet entlang ihrer gesamten, rund 1600 km langen Küstenlinie unzählige Traumstrände. Im Norden grenzen diese an den **Atlantischen Ozean,** im Süden an das **Karibische Meer.** Die **Wassertemperaturen** betragen ganzjährig angenehme 25–29 °C.

Die meisten **Pauschalurlauber** zieht es in die Region um Punta Cana und Bávaro [06], wo riesige Hotelanlagen weite Teile der Strände für sich beanspruchen. Im Südwesten des Landes hingegen bleiben die **Einheimischen** weitestgehend unter sich. Ähnlich verhält es sich an den Stränden bei Río San Juan 50 und Cabrera 52 an der Nordküste.

Beachtlich ist vor allem die **Vielfalt** der Strände: Es gibt weiße oder goldfarbene Sand-, aber auch wilde Kiesstrände. An einigen herrscht eher rauer Wellengang, an anderen ist das Meer ruhig und flach abfallend – dort fühlt man sich wie in einer großen Badewanne. Manche Strände kommen fast gänzlich ohne Vegetation daher oder beschränken sich auf die typischen Kokospalmen, während andere scheinbar nahtlos in dschungelartige Wälder übergehen.

Nahezu alle Strände des Landes sind **frei zugänglich,** Privatstrände sind die absolute Ausnahme und lediglich vor einigen wenigen Hotels zu finden. **Rettungsschwimmer** gibt es an öffentlichen Stränden in der Regel nicht, außer ein angrenzendes Hotel beschäftigt diese auf eigene Rechnung zum Schutz seiner Gäste. Was die **Infrastruktur** wie Bars, Restaurants, Strandliegen oder Toiletten betrifft, lässt sich keine allgemein gültige Aussage treffen – hier reicht die Bandbreite von komplett ausgestattet bis völlig unberührt. Zumindest ein oder zwei einfache Restaurants finden sich allerdings an den meisten Stränden.

◁ Vorseite: Der Naturpool in Río San Juan 50 definiert „Türkis" neu

Insgesamt 25 dominikanischen Stränden wurde 2023 die Auszeichnung **„Blaue Flagge"** verliehen, was einen hohen Standard in puncto Nachhaltigkeit und Sauberkeit garantiert.

So findet gewiss jeder einen Traumstrand nach seinen Vorstellungen. Die einzige Ausnahme bilden die Anhänger der Freikörperkultur, denn **FKK** ist im stark katholisch geprägten Land in der Öffentlichkeit unerwünscht.

Zu einem lästigen Problem ist in den letzten Jahren die unangenehm riechende **Braunalgenart Sargassum** (Golftange) geworden, die in großen Mengen an immer mehr Stränden angespült wird. Während dies früher ein saisonales Problem war und nur bestimmte Gebiete betraf, ist es durch sich ändernde Strömungen mittlerweile unberechenbar geworden. Besonders problematisch sind die Sommermonate, wenn Wind und Wellengang am stärksten sind.

In den Gewässern rund um die Insel kommen durchaus giftige Quallen, Rotfeuerfische und vereinzelt die berüchtigte **Portugiesische Galeere** vor. Zwischenfälle sind jedoch äußerst selten und beschränken sich in der Regel auf mehr oder weniger starke allergische Reaktionen.

Die Dominikaner baden nicht nur gerne an Stränden, sondern auch in den zahllosen **Flüssen und Naturpools** überall im Land. Vor allem im bergigen **Landesinneren** finden sich traumhaft schöne Flusslandschaften, die oftmals über langsam fließende Abschnitte oder kleine, angestaute Naturschwimmbecken verfügen – hier ist ein erfrischendes Badeerlebnis garantiert. Besonders beliebt sind Strände, an denen ein **Fluss ins Meer mündet**. Diese haben den Vorteil, dass man sich Sand und Meersalz mit Süßwasser abwaschen kann. Beispiele sind die Playa Rincón 61 und die Playa El Valle 62 auf der Halbinsel Samaná, die Playa San Rafael und die Playa Los Patos (beide s. S. 36) an der Südküste sowie die Playa Arroyo Salado 55 an der Nordküste.

058id-th

Wassersport

Canyoning und Flusswanderungen

In den letzten Jahren haben Canyoning, auch bekannt als **Schluchtenwandern**, und Flusswanderungen stark an Popularität gewonnen. Bislang begeistern sich überwiegend jüngere Einheimische für diese erfrischenden Aktivitäten. Der Übergang zwischen den beiden Begriffen ist so fließend wie die Schauplätze selbst: Grundsätzlich beinhalten Flusswanderungen keine oder nur sehr kleine Sprünge, während beim Canyoning höhere Sprünge und teilweise sogar **Abseilen** nötig ist.

In der Dominikanischen Republik steuern Reisende hierfür hauptsächlich die **27 Charcos de Damajagua** 41 an, sozusagen der Pionier in dieser Disziplin. Weitere beliebte Ziele sind die **Charcos de los Militares** 40 in Tubagua und das **Balneario La Plaza** 22 südlich von Barahona 20. Anbieter stehen im ersten Teil des Buches.

Paradiesische Bademöglichkeit am Fluss Caño Frío, der an der Playa Rincón 61 ins Meer mündet

Tauchen und Schnorcheln

Die **Unterwasserwelt** ist vielseitig und mit ihren Mangroven, Korallenriffen und etlichen Schiffswracks sowohl für Anfänger als auch für erfahrene Taucher spannend.

Beginner fühlen sich vor allem an der Südküste wohl, wo zwischen Boca Chica [J7] und Punta Cana [O6] kaum Strömungen auftreten. Besonders beliebt sind die Tauchreviere um Bayahibe 12. **Fortgeschrittene** wagen sich gerne in die Tauchgebiete im Norden, Südwesten und rund um die Halbinsel Samaná.

Der **Parque Nacional Submarino La Caleta** [J7], der erste Unterwasser-Nationalpark des Landes, liegt in unmittelbarer Nähe zum internationalen Flughafen Las Américas unweit der Hauptstadt Santo Domin-

061id-th

060id-th

go. Auf 12 km² finden sich unzählige **Tauchspots** in Tiefen zwischen 10 und 50 m. Verschiedene Schiffswracks und Höhlen bieten zusätzliche Höhepunkte für erfahrene Taucher. Der küstennahe Bereich ist ideal zum **Schnorcheln.** Hierfür sind ferner die vorgelagerten Inseln Cayo Arena 45 und Isla Saona 13 bestens geeignet, aber auch die ruhigen, artenreichen Gewässer bei Boca Chica, La Romana [L7] und Punta Cana.

An den genannten Hotspots gibt es verschiedene **Anbieter von Touren und Tauchkursen.** Bei einigen kann man auch international anerkannte Tauchscheine nach PADI- und SSI-Standard erwerben. Zu den etablierten Anbietern gehört beispielsweise **Casa Daniel** (s. S. 29) in Bayahibe. Die passende **Ausrüstung** kann vor Ort geliehen werden bzw. ist bei den meisten organisierten Touren bereits inklusive.

Wellenreiten, Wind- und Kitesurfen

Wenn es um Wind und Wellen geht, dann sticht ein Name heraus: **Cabarete** 49. Der angesagte Ort an der Nordküste gilt als einer der besten Spots weltweit für Kitesurfer, aber auch Wellenreiter und Windsurfer kommen hier auf ihre Kosten.

Auf der Halbinsel Samaná zieht es Kitesurfer an die **Playa Punta Popy** und Wellenreiter an die **Playa Bonita** (beide s. S. 83). Beide Strände liegen am Ortsrand von **Las Terrenas** 65.

Einheimische Surfer wenden sich bevorzugt der Region südlich von Barahona 20 im Südwesten des Landes zu. Die dortigen Strände wie die **Playa Bahoruco** [E8] und die **Playa Paraíso** [D8] sind aufgrund starker

Strömungen und teils felsigem Meeresgrund allerdings nur für erfahrene Surfer geeignet.

Wildwasser-Rafting, Kajaktouren und SUP

Geführte Wildwasser-Rafting-Touren werden auf dem **Río Yaque del Norte** bei **Jarabacoa** 32 angeboten. Es sind zwar keine Vorkenntnisse nötig, allerdings ist etwas Mut unabdingbar. Die abenteuerliche Fahrt erreicht immerhin Klasse 3 von 4 auf der Wildwasser-Schwierigkeitsskala. Erfahrene Anbieter gibt es direkt in Jarabacoa (s. S. 51).

Geführte Kajaktouren werden nicht im Wildwasser, sondern in ruhigeren Gewässern angeboten. Einer der beliebtesten Spots sind die Mangrovenwälder im Nationalpark Los Haitises 58. Das dort angesiedelte Ökohotel **Paraíso Caño Hondo** (s. S. 77) organisiert solche Kajaktouren.

Stehpaddeln (SUP) ist etwa in Boca Chica [J7] in der Nähe der Hauptstadt Santo Domingo und am Strand von Bayahibe möglich. SUP-Touren in den Mangrovensümpfen bei Montecristi 42 werden vom **La Casa Azul** (s. S. 61) organisiert.

› **Bayahibe SUP** <158> Playa Bayahibe, Tel. 8096094045

Oben: Den Mangroven begegnet man am besten auf Augenhöhe – im Kajak im Rahmen einer geführten Tour

Unten: Der Name ist Programm am Kite Beach in Cabarete 49

› **SUP Club RD** <159> Avenida Abraham Núñez 4, Boca Chica, Tel. 8098037554, www.supclubrd.com

Wandern

Die Dominikanische Republik ist kein Ziel für einen klassischen Wanderurlaub. Dennoch bietet das Land einige spannende Routen unterschiedlichster Art. Am Meer bieten sich aussichtsreise **Küstenwanderungen** an, im bergigen Hinterland laden **Flusswanderungen** zu einer willkommenen Abkühlung ein und im zentralen Hochland ist der **Pico Duarte** 36, der höchste Gipfel der Karibik, Ziel einer herausfordernden Tour.

Ausgeschilderte **Wanderwege**, wie man sie aus dem deutschsprachigen Raum gewohnt ist, sucht man allerdings vergeblich. Die Mehrzahl der Wanderungen ist nur mit **lokalen, ortskundigen Guides** möglich. Diese sind immer dann vorgeschrieben, wenn die Route in einem **Nationalpark** verläuft. Das trifft beispielsweise auf die erwähnte Besteigung des **Pico Duarte** zu. Auch die Tour zur Badestelle **Balneario La Plaza** 22 ist nur mit Guide möglich. Die Sieben-Strände-Tour **7 Playas Escondidas** (s. S. 78) sollte man ebenfalls nur im Rahmen einer gebuchten Tour unternehmen.

Wichtig ist die richtige **Ausrüstung:** Festes Schuhwerk wird empfohlen. Besonders praktisch sind flache, feste Wanderschuhe aus wasserabweisendem Material mit rutschfestem Profil. Außerdem gehören Sonnenschutz und ausreichend Trinkwasser in den Rucksack, in der Regenzeit während der Sommermonate am besten auch eine leichte Regenjacke oder ein Regenponcho.

Wanderung 1: Zur Cueva del Puente

- **Charakter:** einfache Streckenwanderung auf schattigem Pfad
- **Ausgangs- und Endpunkt:** Eingang zum Nationalpark Cotubanamá bei Bayahibe ⓬, Ortsteil Dominicus [M7]
- **Länge:** ca. 6 km hin und zurück
- **Dauer:** ca. 90 Min.
- **Anfahrt:** per Bus von Bayahibe (Haltestelle in der C. Roma) nach Dominicus. Dort am letzten Hotel (Cadaqués) aussteigen. Alternativ mit dem *motoconcho,* was schneller und flexibler ist (ca. 200 RD$).
- **Hinweise:** Am Häuschen der Parkverwaltung (tägl. 7.30–17 Uhr) wird der Eintritt in Höhe von 250 RD$ kassiert und kurz der Weg erklärt. Der Weg ist gut begehbar, dennoch sollte man feste Schuhe tragen. Auf jeden Fall ausreichend Trinkwasser mitnehmen. Eine Taschen- oder Stirnlampe ist hilfreich.

Die kurzweilige Wanderung zur verwunschenen **Cueva del Puente** [M7] ist ein Höhepunkt in der Region um **Bayahibe ⓬**. Vom **Eingangstor zum Nationalpark** verläuft ein breiter Weg in Richtung **Meer.** Wenn man sich unten am Strand links hält, erreicht man die Häuser der Parkverwaltung.

Weiter geht es auf einem **schmalen, sandigen Pfad in dichter Vegetation.** Zunächst führt der Weg **parallel zur Küste** durch den Nationalpark, im weiteren Verlauf knickt er nach links ab und verläuft dann **landeinwärts.** Es gibt keine Ausschilderung am Weg, aber auch keine Abzweige, daher muss man einfach immer dem Pfad folgen. Der Bewuchs wird mit der Zeit noch dichter und der Weg etwas **steiniger.** Nach etwa 45 Min. signalisiert ein **Schild**, dass die Höhle erreicht ist.

Die eindrucksvolle **Tropfsteinhöhle** ist voller Stalagmiten und Stalaktiten, des Weiteren finden sich im Inneren **Piktogramme der Taínos** (s. S. 40) und zahlreiche **Fledermäuse.** Am hinteren Ende der Höhle klafft ein riesiges **Loch in der Decke**, das Licht ins Dunkel fallen lässt und bereits von der Vegetation erobert wurde. Nach der Erkundung der Höhle geht man **auf demselben Weg zurück** zum Ausgangspunkt.

⊡ *Mystische Szenerie: Am Ende der Cueva del Puente fällt das Tageslicht durch ein Loch in der Höhlendecke*

062id-th

Wanderung 2: Zum Salto El Limón

- **Charakter:** leichte, mäßig anstrengende Wanderung für Leute, die nasse Füße nicht scheuen
- **Ausgangs- und Endpunkt:** Parkplatz El Limón, 1,5 km von der Ortsmitte von El Limón entfernt [K3]
- **Länge:** ca. 6 km hin und zurück
- **Dauer:** ca. 1½–2 Std. Gehzeit
- **Höhenunterschied:** ca. 200 m
- **Anfahrt:** per *motoconcho* von El Limón zum Startpunkt bei El Café, dem unteren Parkplatz. Alternativ ist die Anfahrt auch von Santa Bárbara de Samaná 56 möglich, allerdings ist sie dann deutlich länger, was einen frühen Start schwierig macht.
- **Hinweise:** Am Häuschen neben dem unteren Parkplatz wird der Eintritt bezahlt (50 RD$). Ein früher Start gegen 7.30 Uhr ist empfehlenswert, um dem Ansturm der Besucher zu entgehen. Dann hat jedoch der Kiosk noch geschlossen, also auf jeden Fall ausreichend Trinkwasser mitnehmen. Festes Schuhwerk oder Wandersandalen sind empfehlenswert, die Schuhe werden beim Durchqueren des Flusses nass.

Diese Wanderung führt zum traumhaften Wasserfall **Salto El Limón** 64 auf der Halbinsel Samaná. Vom Parkplatz und dem Häuschen, wo der Eintritt bezahlt wird, geht es zunächst auf einem breiten Weg hinunter zum **Fluss El Limón.** Man folgt dem Flusslauf nach rechts und durchquert ihn in der Folge mehrmals. Bald beginnt der schmaler werdende Pfad anzusteigen. Der von den Maultieren ausgetretene Weg führt durch **dichten Wald** bergan und passiert einen reizvollen **Aussichtspunkt**, der einen weiten Blick bis zum Meer freigibt. Im Anschluss geht es abwärts bis zu einem **Kiosk** auf einer großen **Lichtung**, von wo sich eine atemberaubende Panoramasicht hinab auf den Wasserfall bietet. Das letzte Stück geht es bergab, zunächst auf einem schmalen Pfad, anschließend über schön angelegte, aber etwas rutschige **Stufen.** Eine letzte Flussquerung vor einem **kleineren Wasserfall** und ein letzter **Anstieg** über eine **steile Treppe** führen anschließend zum Salto El Limón. Nachdem man im **Naturpool** gebadet hat, geht es **auf demselben Weg zurück.**

063id-th

Am Wasserfall Salto El Limón 64

Wanderungen im Inselplan

Die Startpunkte der hier beschriebenen Wanderungen sind im Insel-Faltplan eingezeichnet.

Weitere Aktivitäten

Gleitschirmfliegen

Tandemflüge werden in Jarabacoa 32 angeboten. **Flying Tony Parapente** (s. S. 51) ist der Pionier im Land und arbeitet mit erfahrenen Piloten zusammen.

Quadtouren

Die rasanten Ausflüge sind in den meisten touristisch relevanten Orten verfügbar, die Anbieter an den geparkten Quads am Straßenrand leicht auszumachen. Landschaftlich abwechslungsreich sind die Touren in der Gegend um **Jarabacoa** und auf der **Halbinsel Samaná.** In Jarabacoa kann man sich an **Flying Tony Parapente** oder **Jarabacoa Eco Adventures** (s. S. 51) wenden. In Las Galeras 59 bietet das **Chalet Tropical Bio-Hotel** (s. S. 79) in Kooperation mit **Batista Tours** organisierte Quadtouren an:

› **Infos:** Tel. 8498842189, www.chalettropical.com/servicio-extra/excursiones-en-4-wheels

Mit dem Quad an den Traumstrand – hier an die Playa Rincón 61

Radfahren

Von **Fahrten auf eigene Faust** ist **dringend abzuraten.** Selbst Dominikanerinnen und Dominikaner brechen zu Radtouren stets in kleinen Gruppen auf. Gelegentliche Überfälle sind noch das geringere Risiko für einzelne Radfahrer, viel gefährlicher sind der **chaotische Straßenverkehr** und die unberechenbare Fahrweise der Autofahrer, auch auf kleineren Landstraßen. In der **Gruppe** ist man besser sichtbar und somit auch relativ geschützt. Die besten Gebiete zum Radfahren liegen um Jarabacoa 32 und Constanza 37 in der Zentralkordillere sowie im bergigen Hinterland von Barahona 20.

Reiten

Vor allem an der **Nordküste** sind Ausritte per Pferd beliebt. Zwischen Puerto Plata 46 und Cabarete 49 gibt es einige Anbieter. Einer der renommiertesten ist die **Sea Horse Ranch** am Ortsausgang von Sosúa:

› **Sea Horse Ranch Equestrian Center** <160> Route 5, Carr. Principal, Tel. 8095714462, https://sea-horse-ranch.com/amenities/equestrian-center, Mo.–Fr. 8–17, Sa. 8–12 Uhr

064id-th

DOMINIKANISCHE REPUBLIK ERLEBEN

071id-th

Feste und Folklore

Die sogenannten *Fiestas Patronales* werden in Städten und Gemeinden überall im Land zu Ehren des jeweiligen **Schutzheiligen** gefeiert und sind über das ganze Jahr verteilt. Zwar gibt es vielerorts eine Parade und religiöse Feierlichkeiten, der Fokus liegt aber ganz klar auf Musik, Tanz und Alkoholkonsum.

Dies gilt übrigens auch für **religiöse Feiertage** wie Weihnachten und Ostern, was für ein derart katholisches Land durchaus überraschend ist. Während diese Feste in Mitteleuropa eher für Ruhe und Besinnlichkeit stehen, werden sie hier von vielen zum exzessiven Feiern und Trinken genutzt.

Die **Semana Santa (Osterwoche)** ist die wichtigste Urlaubswoche des Jahres: Kaum jemanden hält es an diesem langen Wochenende in der Stadt. In großen Gruppen ziehen die Dominikaner an Strände und Flussufer, begleitet von dröhnenden Lautsprechern und prall gefüllten Kühlboxen. Als Reisender sollte man diese Treffpunkte besser meiden, denn die Kombination aus vielen Menschen und zu viel Alkohol führt immer wieder zu Zwischenfällen.

Einige Events, wie z. B. die **República Dominicana Fashion Week** oder die **Buchmesse** in Santo Domingo, ändern hin und wieder den Veranstaltungsmonat. Daher sollte man den Termin vorab online prüfen.

Vorseite: Sonnenuntergang in Bayahibe 12 *mit einem eiskalten Presidente-Bier*

Der Karneval wird bunt und mit den charakteristischen Masken gefeiert – hier in Punta Cana [O6]

Veranstaltungskalender

- **Carnaval:** An den Sonntagen im Februar wird in etlichen Städten ausgelassen Karneval gefeiert. Besonders bekannt ist der **Carnaval Vegano** in La Vega [G3] (https://carnavalvegano.do).
- **Procigar Festival:** Zigarrenfreunde kommen bei zahlreichen Programmpunkten wie Verkostungen, Galadinner und Fabrikbesichtigungen auf ihre Kosten – stets mit einer hochwertigen Zigarre in der Hand. Die Veranstaltungen finden bei La Romana [L7] und in Santiago 28 statt (kostenpflichtige Anmeldung unter https://procigar.org/procigar-festival).
- **Master of the Ocean:** In Cabarete 49 an der Nordküste treffen sich alljährlich im Februar Athleten aus aller Welt, um im Kite- und Windsurfen sowie Stand-Up-Paddling den „Meister des Ozeans" zu küren. Begleitet wird der sportliche Wettkampf von einer entspannten Atmosphäre und abendlichen Partys (www.masteroftheocean.org).
- **Unabhängigkeitstag (Día de la Independencia):** Am 27. Februar wird mit einer großen Militärparade auf dem Malecón von Santo Domingo an die Unabhängigkeit von Spanien im Jahr 1844 erinnert.
- **Carnaval de Cabarete:** Etwas später als im restlichen Land, nämlich im März, wird der Karneval im chilligen Cabarete zelebriert (www.facebook.com/carnavalcabareterd).
- **Carnaval in Santo Domingo:** Zum Abschluss der Karnevalszeit präsentieren Gruppen aus allen Teilen des Landes auf dem Malecón in der Hauptstadt ihre ausgefallenen Kostüme im Rahmen einer großen Parade (https://visitdominicanrepublic.com/festivals-events/party-like-a-dominican-at-santo-domingo-carnival).
- **Isle of Light:** Das alternative Festival lockt im März mit Livemusik (House, Pop, Rock, Indie und Hip-Hop), Kunsthandwerk und lokaler Gastronomie nach

Santo Domingo Este direkt am Meer (www.isleoflight.com).

- **Semana Santa:** Am langen Osterwochenende zieht es die Bevölkerung im ganzen Land an die Strände und Flussufer. Es gibt zahlreiche Konzerte und Partys, vor allem in Strandnähe. Zu den beliebtesten Zielen gehören Punta Cana [06], Las Terrenas 65 und Cabarete.
- **Expo Mango:** Im Juni wird das kleine Städtchen Baní 17 im Südwesten des Landes drei Tage lang zur Welthauptstadt der süßen Mangofrucht (www.promangord.org.do/promangowp).
- **Merengue Festival:** Das zweiwöchige Festival zu Ehren des Nationaltanzes Merengue (s. S. 22) findet meist im Zeitraum Ende Juli bis Anfang August statt. Dabei präsentieren sich Künstler auf Open-Air-Konzerten in Santo Domingo, vor allem entlang der Küstenpromenade Malecón. Zudem gibt es reichlich Streetfood, Kunsthandwerk und farbenfrohe Umzüge (https://visitdominicanrepublic.com/festivals-events/festival-de-merengue).
- **Feria del Libro:** Auf der **Buchmesse** in Santo Domingo dreht sich Ende August/Anfang September alles um Bücher und Literatur (Instagram: filsantodomingo).
- **Dominican Republic Jazz Festival:** Das Festival lockt Freunde der Jazzmusik im November mit kostenlosen Konzerten nationaler und internationaler Künstler an die Nordküste (www.drjazzfestival.com).

Feiertage

Feiertage, die unter die Woche fallen, werden häufig auf einen Montag verschoben, um ein langes Wochenende zu garantieren. Nur Tage von großer geschichtlicher oder religiöser Bedeutung sind hiervon ausgenommen.

- 1. Jan.: **Neujahr** *(Día de Año Nuevo)*
- 6. Jan.: **Heilige Drei Könige** *(Día de los Reyes Magos)*
- 21. Jan.: **Tag der Jungfrau von Altagracia** *(Día de Nuestra Señora de la Altagracia)*
- 26. Jan.: **Gedenktag für Gründungsvater Juan Pablo Duarte** *(Día de Duarte)*
- 27. Feb.: **Unabhängigkeitstag** *(Día de la Independencia Nacional)*
- März/April: **Karfreitag** *(Viernes Santo)*
- 1. Mai: **Tag der Arbeit** *(Día del Trabajo)*
- Mai/Juni: **Fronleichnam** *(Día del Corpus Christi)*
- 16. Aug.: **Tag der Wiederherstellung der Republik** *(Día de la Restauración)*
- 24. Sept.: **Tag der Gnadenreichen Jungfrau** *(Día de Nuestra Señora de las Mercedes)*
- 6. Nov.: **Tag der Verfassung** *(Día de la Constitución)*
- 25. Dez.: **Weihnachten** *(Día de la Navidad)*

Baseball – mehr als ein Sport

In der Dominikanischen Republik gibt es nur zwei Jahreszeiten: die baseballfreie Zeit von März bis September und die Baseballsaison von Oktober bis Februar. Die nationale Profiliga besteht aus sechs Teams: Toros del Este (La Romana), Estrellas Orientales (San Pedro de Macorís), Leones del Escogido und Tigres del Licey (beide Santo Domingo), Gigantes del Cibao (San Francisco de Macorís) und Aguilas Cibaeñas (Santiago 28). Vor allem die Rivalität der beiden größten Teams, den Tigres del Licey, Licey genannt, und den Aguilas Cibaeñas, kurz Aguilas, ist berüchtigt.

Das siegreiche Team der „Liga de Béisbol Profesional de la República Dominicana", wie die Profiliga offiziell heißt, spielt anschließend im Februar in der „Serie del Caribe". Bei der Kür des Karibikmeisters tritt man unter anderem gegen die Sieger der Ligen aus Venezuela, Mexico und Puerto Rico an.

Bis heute hat die Dominikanische Republik die meisten ausländischen Spieler zur bedeutendsten Liga der Welt beigesteuert, der MLB in den USA. Die Legenden Juan Marichal, Pedro Martínez, Vladimir Guerrero und David Ortiz haben sogar ihren Platz in der „Baseball Hall of Fame" in Cooperstown gefunden.

Dieser Erfolg ist kein Zufall: Einige der großen Vereine aus den USA betreiben eigene Jugendleistungszentren in der Dominikanischen Republik, die vor allem entlang der Südküste zwischen Santo Domingo und La Romana angesiedelt sind. In der Tat betrachten viele Kinder und Jugendliche aus schwierigen Verhältnissen Baseball als ihre einzige Möglichkeit, der Armut zu entkommen.

Wer das Land in den Monaten Oktober bis Februar bereist, sollte sich ein Spiel live im Stadion ansehen. Die meisten Teams bieten einen Online-Kartenverkauf auf ihrer Website oder über Ticketshops wie www.uepatickets.com an.

Dominikanische Republik kulinarisch

Wo man isst und trinkt

In größeren Städten und touristischen Orten sind neben Lokalen mit einheimischer Küche häufig italienische, venezolanische und asiatische Restaurants zu finden. Auch die üblichen internationalen Fast-Food-Ketten sind vertreten. Diese sind hier aber verhältnismäßig teuer. Allgemein gilt: In guten Restaurants mit entsprechendem Ambiente erreicht die Rechnung leicht mitteleuropäisches **Preisniveau**.

Erheblich günstiger sind die sogenannten **Comedores**, einfache Lokale mit landestypischer Küche. In kleineren Orten abseits der Touristenpfade können sie unter Umständen eine von nur zwei Optionen sein. Die zweite ist das **Pica Pollo**, ein Schnellrestaurant, das sich auf frittierte Hähnchenkeulen und Kochbananen (s. S. 99) spezialisiert hat – das angebotene Gericht heißt genauso wie das Lokal.

Ein besonderes Frühstück im Chalet Tropical (s. S. 79) in Las Galeras 59

067id-th

Eine weitere günstige Alternative sind die **Carritos**, kleine, mobile Karren, die Empanadas, Burger und Hot Dogs frisch brutzeln. Fisch wird vielerorts in kleinen **Garküchen** direkt am Strand zubereitet, vorwiegend in frittierter Form *(pescado frito)*. Fast-Food-Fans sollten einen der weit verbreiteten **Food Parks** mit zahllosen Ständen aufsuchen oder sich an einem **Food Truck** ihre Lieblingsspeise aussuchen.

Die Innenräume von Restaurants und Cafés sind immer **rauchfrei**, viele besitzen jedoch Innenhöfe oder Terrassen, wo Rauchen in der Regel gestattet ist.

Wasser und **Softdrinks** werden überall, selbst in hochpreisigen Restaurants, in kleinen **Plastikflaschen** serviert, begleitet von einem Glas mit Eis. Dies dient, vor allem beim Wasser, dem Nachweis der hygienischen Unbedenklichkeit. Umweltfreundlich ist dieser Standard natürlich nicht und deshalb leidet die Dominikanische Republik auch unter einem Plastikmüllproblem.

In den meisten Restaurants, Cafés und Bars findet sich im Kleingedruckten der Speisekarte irgendwo der Hinweis *„precios sin impuestos"* oder eine ähnliche Formulierung. Dies bedeutet, dass zum angegebenen Preis noch 18 % **Mehrwertsteuer** (ITBIS) und 10 % gesetzliches **Trinkgeld** *(propina legal)* addiert werden. Dieses Trinkgeld kommt allerdings nicht direkt dem Servicemitarbeiter zugute, sondern wird am Monatsende mit dem Gehalt auf alle Mitarbeiter umgelegt. Da die Löhne im Dienstleistungssektor gering sind, ist außerdem ein direktes Trinkgeld in Höhe von 10 % des Rechnungsbetrages üblich, vor allem bei freundlichem, gutem Service. Nach Entgegennahme des Wechselgeldes oder erfolgter Kartenzahlung lässt man dieses auf dem Tisch zurück.

Kulinarische Besonderheiten

Die wichtigsten Bestandteile der dominikanischen Küche sind **Reis, Bohnen und Hähnchen.** Diese Zutaten sind auch Teil des **Nationalgerichts** *Bandera Dominicana* (s. S. 99). Außerdem werden Kochbananen, Maniok, Rindfleisch und frisches Gemüse verarbeitet.

Fisch und Meeresfrüchte werden überwiegend entlang der Küste angeboten, während sie im Landesinneren vor allem in den besseren Restaurants zu finden sind. Besonders bekannt für fangfrischen Fisch sind die Küstenorte Boca Chica [J7], Bayahibe ⓬, Samaná ㊱ und Río San Juan ㊿. Die **Camarones de Sánchez** („Garnelen aus Sánchez") sind landesweit für ihren besonderen Geschmack bekannt. Sánchez befindet sich am südwestlichen Rand der Halbinsel Samaná.

Der Nordwesten des Landes ist berühmt für sein **Ziegenfleisch** *(chivo liniero)*, das meist in Form von Ragout serviert wird.

Wer in der Dominikanischen Republik einmal **Ananas** gegessen oder einen frisch gepressten **Maracujasaft** getrunken hat, der wird diesen Geschmack nur schwer vergessen. Das Frühstück ist ohne einen **gemischten Obstteller** kaum vorstellbar. **Natursäfte** *(jugos naturales)* werden ohne künstliche Zusatzstoffe direkt aus den vitaminreichen Früchten gewonnen. Beliebt sind Orangen-, gesüßter Zitronen-, Ananas- und Maracujasaft. Melone, Papaya, Banane und Mango werden hingegen vorwiegend für eine Art **Milchshake** *(batida)* verwendet, der dickflüssiger und cremiger ist. Das Städtchen Neyba im Südwesten ist für seine leckeren **Trauben** bekannt. Diese sind hier vielerorts am Straßenrand erhältlich.

⌃ „Tostones" (frittierte Kochbananen) fehlen bei kaum einer Mahlzeit

› Ein deftiger Frühstücksklassiker: die „Tres Golpes" (s. S. 100)

Nachfolgend eine Übersicht über typisch **dominikanische Gerichte:**

- **Bandera Dominicana:** Das Nationalgericht heißt übersetzt „Dominikanische Flagge". Es besteht aus Reis, roten Bohnen und geschmortem Fleisch (Hähnchen oder Rind). Dazu werden meist etwas Salat, einige Streifen Avocado und ein paar *tostones* (frittierte Kochbananen) serviert. Der Name geht auf die Farben der Flagge zurück: Der Reis steht für die Farbe Weiß, die Bohnen für Rot und das Fleisch – mit ganz viel Fantasie – für Blau. Das Gericht wird traditionell zum Mittagessen aufgetischt, vielerorts auch als Tagesgericht *(plato del día).*
- **Habichuelas con dulce:** Die Süßspeise wird traditionell zu **Ostern** zubereitet, ist in Restaurants aber oftmals ganzjährig erhältlich. Für mitteleuropäische Ohren klingt die Kombination der Zutaten denkbar unpassend: rote Bohnen, Milch, Kokos- und Kondensmilch, Süßkartoffeln und Rosinen. Wenn alle Zutaten vermischt sind, entsteht eine süße Bohnencreme, auf der dann kleine Butterkekse schwimmen. Überraschenderweise ist das Endergebnis ausgesprochen lecker!
- **Kochbananen (Plátanos):** Zunächst muss zwischen grünen *(plátano verde)* und reifen Kochbananen *(plátano maduro)* unterschieden werden. Für beide gibt es dann die folgenden drei Zubereitungsarten: gekocht *(sancochado)*, frittiert *(frito)* und als Püree *(mangú)*. Gekocht und als Püree werden Kochbananen zu jeder Tageszeit gegessen, mit Vorliebe auch als Bestandteil eines deftigen Frühstücks. Frittiert werden sie als Beilage beim Mittag- oder Abendessen gereicht. Besonders beliebt sind die grünen Kochbananen in frittierter Form. Diese werden *tostones* oder *fritos* genannt und gehören als Beilage zu fast jeder Mahlzeit, egal ob zu Reis, Pasta, Fisch, Fleisch oder frittierten Hähnchenkeulen *(pica pollo)*. Die *tostones* gibt es auch mit Käse oder frittierter Salami als kleines Abendessen.
- **Mamajuana:** Heilmittel, Aphrodisiakum und Digestif – die Mamajuana erfüllt verschiedenste Zwecke. Eine Mischung aus Hölzern, Kräutern, Wurzeln und Rinden wird mit Rotwein aufgegossen und dann etwa eine Woche ziehen gelassen. Im Anschluss wird der Rotwein abgegossen, die Flasche mit braunem Rum aufgefüllt und ein wenig Honig dazugegeben. Nun lässt man das Erzeugnis erneut mindestens drei Tage, besser noch zwei Wochen stehen, bevor es getrunken wird. Die Variationen sind endlos, da jeder seine Mamajuana anders macht. Sowohl die genauen Zutaten als auch die Mischverhältnisse variieren. Das Geschmacksspektrum reicht von beinahe ungenießbarer Medizin bis zu leckerem Likör. Am ehesten ist die Mamajuana mit einem Kräuterschnaps vergleichbar.
- **Mofongo:** Für diesen karibischen Kloß werden zunächst grüne Kochbananen frittiert und anschließend im Mörser zerstampft. Dann mischt man reichlich Knoblauch und Schweineschwarte *(chicharrón)* unter, richtet die Masse in einem Holzmörser an und bestreut sie großzügig mit geraspeltem Käse. Dieses Gericht ist vor allem in der Gegend rund um Moca 30 berühmt, wird aber auch in anderen Landesteilen angeboten.

069id-th

070id-th

Meine Tipps

Lokale mit guter Aussicht

- **Restaurante El Arponero im Hotel Bocaino** (s. S. 32) in Boca de Yuma 14: perfekter Meerblick und unvergessliche Sonnenuntergänge
- **Restaurante Keka** (s. S. 59) in Tubagua [F2]: Speisen mit sagenhaftem Ausblick ins grüne Umland von der Terrasse aus
- **SugarCane – La Casa del Ron** (s. S. 24) in Santo Domingo [I6–7]: romantischer Blick auf die Kathedrale Santa María la Menor 1 und den belebten Parque Colón

Lecker vegetarisch

Rein vegetarische Restaurants sind selten, zu sehr lieben die Einheimischen ihre Fleisch- und Fischgerichte. Nahezu jede Speisekarte enthält aber das eine oder andere vegetarische Mahl. Im äußersten Notfall bittet man einfach darum, bei einer bestimmten Speise das Fleisch wegzulassen. In der **Zona Colonial** in **Santo Domingo** gibt es zwei gute Optionen für vegetarische Küche:

- **Casa Barista Coffee Co.** (s. S. 22)
- **Time Creative Vegetarian Kitchen** (s. S. 24)

- **Sancocho:** Dieser deftige Eintopf genießt unter Einheimischen Kultstatus und es gibt ebenso viele Varianten wie Köchinnen und Köche. Sobald viele Menschen feierlich zusammenkommen, ist das Gericht die erste Wahl und sorgt allenthalben für glückliche Gesichter. Die Hauptzutaten sind Gemüse (wichtig: Maiskolbenstücke!), verschiedene Fleischsorten (v. a. Hähnchen und Rind), Kochbanane, Maniok, Kürbis, Knoblauch und etwas Limettensaft. Dazu werden oft weißer Reis und Avocado-Streifen auf einem separaten Teller gereicht. Der Reis wird beim Verzehr untergemischt.
- **Tres Golpes:** Wer ein deftiges Frühstück mag, der bestellt *mangú con los tres golpes:* Püree von der Kochbanane, Maniok oder Kartoffel, begleitet von Käse und Salami (beides frittiert) sowie einem Spiegelei obendrauf. Übersetzt bedeutet das Gericht „Püree mit drei Schlägen".
- **Yaroa und Salchipapa:** Wer Lust auf Fast Food hat, der sollte unbedingt die typisch dominikanischen bzw. südamerikanischen Varianten probieren, die man u. a. am Food Truck bekommt. Bei der *yaroa* bilden Pommes die unterste Lage, gefolgt von einer (Hack-)Fleisch-Tomaten-Mischung. Der Mix wird mit reichlich Käse überbacken und anschließend mit Ketchup, Mayonnaise und Senf bedeckt. Erfunden wurde die leckere Kalorienbombe 1999 in Santiago 28. Die *salchipapa* ähnelt der *yaroa,* allerdings wird das Fleisch durch Würstchenscheiben ersetzt. Außerdem wird hier deutlich sparsamer oder gar kein Käse verwendet. Das Gericht ist bereits seit längerer Zeit in vielen Teilen Südamerikas bekannt. Sein Name ist eine Verbindung der Wörter *salchicha* (Würstchen) und *papa* (Kartoffel bzw. Pommes).

Frisch geöffnete Kakaofrucht mit den süßlichen Samen

Shoppen und Stöbern

Klassische Fußgängerzonen sind unüblich, was vor allem an der Abneigung der Einheimischen liegt, bei hohen Temperaturen im Freien zu Fuß zu gehen. Zwar kommt die **Calle El Conde** in Santo Domingo diesem Konzept recht nahe, allerdings beschränkt sich das Angebot überwiegend auf (überteuerte) Souvenirs – der nahe gelegene **Mercado Modelo** (s. S. 24) ist hierfür weit besser geeignet. Shopping im klassischen Sinn findet in großen **Einkaufszentren** statt, die eine Vielzahl bekannter Marken, aber auch kleinere Boutiquen beherbergen. Beliebte Beispiele in Santo Domingo sind Agora Mall und Blue Mall.

Die landesweite **Supermarktkette La Sirena** (https://sirena.do) ist in fast allen Städten vertreten. In kleineren Orten gibt es **lokale Supermärkte** und **Colmados**, die an Tante-Emma-Läden erinnern und gleichzeitig auch ein sozialer Treffpunkt sind. Hier bekommt man bis spätabends Grundnahrungsmittel, Getränke, Snacks und Kleinigkeiten für den Haushalt.

Handeln ist lediglich bei umherziehenden Verkäufern am Strand, in kleinen Souvenirläden und auf Märkten üblich. Überall sonst sind die ausgeschriebenen Preise fix.

Typische **Souvenirs** wie *muñecas sin rostro* (s. S. 102), farbenfrohe Bilder der naiven Malerei und Kunsthandwerk sind günstiger, je weiter man sich von den Touristenhochburgen entfernt. Einige große Filialen der Kette La Sirena haben ebenfalls eine Auswahl an Mitbringseln im Angebot.

Bernstein und Larimar

Wer ein **Schmuckstück aus Bernstein oder Larimar**, einem türkisblauen Edelstein, erwerben möchte, der sollte unbedingt nach einem seriösen Laden Ausschau halten. Diese sind in der Regel bereits auf den ersten Blick an der Aufmachung zu erkennen, ein kurzer Blick auf die Google-Rezensionen sollte als Bestätigung dienen. Vom Kauf auf offener Straße und bei fliegenden Händlern wird abgeraten. Leider werden immer wieder Fälschungen angeboten. Tipp: Echter Bernstein sinkt in Süßwasser, während er in konzentriertem Salzwasser schwimmt. Die **Ausfuhr von ungeschliffenen Steinen** ist übrigens streng **untersagt** (s. S. 116).

Mit viel Fingerspitzengefühl wird der Larimar verarbeitet

072id-th

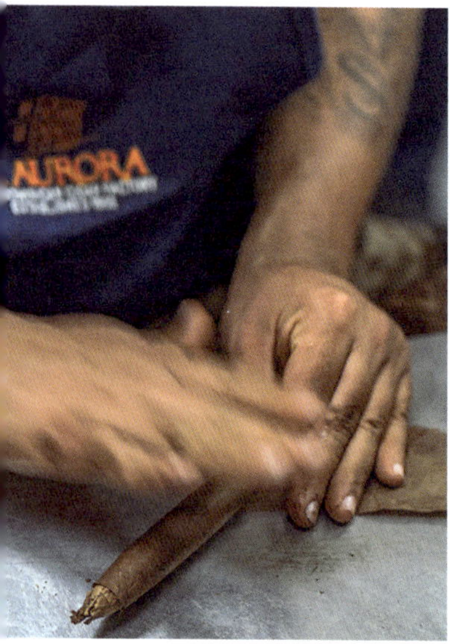

066id-th

KURZ & KNAPP

Muñecas sin Rostro

Die eleganten **„Puppen ohne Gesicht“** sind das **emblematische Souvenir** der Dominikanischen Republik. Erstmals in den 1980er-Jahren in der kleinen Stadt Moca 30 im Cibao-Tal gefertigt, werden sie heutzutage von unzähligen Künstlern im ganzen Land in den verschiedensten Variationen hergestellt – noch immer in kunstvoller Handarbeit.

Die **Tonfiguren** stellen Frauen mit langen Kleidern und großem Sonnenhut in karibisch bunten Farben dar. Viele tragen Blumen oder einen Obstkorb in den Händen. Es gibt übrigens einen **Grund für die „Gesichtslosigkeit“** der hübschen Damen: Als Ausdruck der dominikanischen Kultur, die von indigenen, spanischen und afrikanischen Einflüssen geprägt ist, verzichtet man bewusst darauf, den Figuren ein klar definiertes Gesicht zu geben. Dieses Detail wird der Fantasie des Betrachters überlassen.

Kaffee

Ein weiteres beliebtes Mitbringsel ist dominikanischer Kaffee. In Supermärkten und spezialisierten Coffee Shops gibt es meist eine gute Auswahl, die über den landesweit verbreiteten **Standardkaffee „Santo Domingo“** hinausgeht. Vor allem die kleineren Marken aus den **Bergregionen** sind sehr aromatisch.

Rum

Ein beliebtes Souvenir ist lokaler Rum, der hier erheblich günstiger ist als in Europa. Die bekanntesten **Marken** sind **Ron Brugal** – der unumstrittene Marktführer –, **Ron Barceló** und **Ron Bermúdez.** Aus dem Hause Brugal ist der sanfte und recht süßliche „Leyenda“ empfehlenswert. Von Barceló ist der „Imperial“ sehr beliebt, vor allem unter denjenigen, die Rum gerne pur trinken. Der „Aniversario“ von Ron Bermúdez ist etwas unterschätzt, bietet allerdings das beste Preis-Leistungs-Verhältnis. Wer den Rum für Mischgetränke verwendet, der kann natürlich auf die günstigeren Varianten wie Añejo, Extra Viejo etc. zurückgreifen. Erhältlich sind die hochprozentigen Exportschlager am günstigsten im Supermarkt, außerdem im *Colmado* oder im *Licor Store.*

Zigarren

Spricht man von Zigarren, so kommt den meisten zuerst die Nachbarinsel Kuba mit ihren Kultmarken Cohiba und Montecristo in den Sinn. Tatsächlich ist jedoch die **Dominikanische Republik** inzwischen der **weltgrößte Produzent und Exporteur von Premium-Zigarren**, und zwar mit einem Marktanteil von rund 44 %. Darunter befinden sich legendäre Marken wie Davidoff, Arturo Fuente und La Aurora. Letztere eröffnete 1903 die **erste Zigarrenfabrik des Landes** in der Nähe von Santiago 28. Die **Tabacalera La Aurora** 29 wird heute in dritter Generation von der Familie León geführt und lässt sich im Rahmen einer geführten Tour besichtigen.

Der exquisite Tabak wird überwiegend im fruchtbaren **Cibao-Tal** angebaut, das zwischen den Gebirgszügen Cordillera Septentrional und Cordillera Central eingebettet liegt und sich durch mehrere Provinzen zieht. Im Umland von Santiago sind zahlreiche Tabakfabriken angesiedelt. Die Gemeinde Tamboril, wenige Kilometer östlich der Stadt gelegen, hat sich sogar selbst zur „Zigarren-Hauptstadt" der Welt gekürt.

Noch vor einigen Jahren wurden die Zigarren fast ausschließlich exportiert. Mittlerweile hat sich im Land allerdings eine echte Zigarrenkultur entwickelt, auch unter jungen Erwachsenen und Frauen. Im Zuge dessen wurden vielerorts schicke **Zigarren-Lounges** eröffnet.

Beim **Kauf von Zigarren** sollte man umherziehende Verkäufer und Souvenirläden unbedingt meiden. Diese bieten in den meisten Fällen minderwertige Qualität zu überhöhten Preisen. Einheimische Premium-Zigarren der Marken **León Jimenes und La Aurora** sind in beinahe jedem größeren Supermarkt erhältlich. Empfehlenswert sind zudem die beiden Filialen von **Cabinet Tabaco Boutique** in Santo Domingo (s. S. 24) und Santiago (s. S. 47).

◁ Die Herstellung guter Zigarren erfordert handwerkliches Können – hier bei La Aurora 29 in Santiago

Natur erleben

Naturparadies der Superlative

Bei einer Küstenlinie von über 1600 Kilometern verwundert es kaum, dass die Dominikanische Republik vor allem für ihre Bilderbuchstrände bekannt ist. Doch hat die zweitgrößte Insel der Antillen noch weit mehr zu bieten, beispielsweise einige Superlative.

Auf einer Fläche, die in etwa der des Bundeslandes Niedersachsen entspricht, sind rund **6000 Tier- und Pflanzenarten** heimisch, darunter zahlreiche endemische. Diese **Biodiversität** wird auch durch die besondere **Topografie** des Landes begünstigt: Mit dem Salzwassersee Lago Enriquillo 23, der 40 m unter dem Meeresspiegel liegt, und dem Pico Duarte 36 auf 3101 m Höhe befinden sich sowohl **der tiefste als auch der höchste Punkt der Karibik** in der Dominikanischen Republik. Dadurch ergibt sich eine erstaunlich große Vielfalt der Lebensräume. Der Lago Enriquillo ist außerdem zugleich der größte See der Antillen.

Der abgelegene Wasserfall **Salto de la Jalda** in Hato Mayor ist mit 120 m der höchste seiner Art in der Karibik, wenn auch eher unbekannt, selbst unter Dominikanern.

Auch der kälteste Ort der Karibik liegt hier: Im Hochtal des **Parque Nacional Valle Nuevo** 39 bei Constanza 37 werden regelmäßig Temperaturen um den Gefrierpunkt gemessen.

Mittlerweile gibt es landesweit **29 Nationalparks.** Dazu kommen weitere Schutzgebiete wie Natur- und Waldreservate, Naturdenkmäler und Wildschutzgebiete. Insgesamt stehen 12.450 km² unter Schutz, was rund 25 % der Landfläche entspricht.

Durch ihre Lage zwischen der Nordamerikanischen und der Karibischen Platte ist die Insel Hispaniola immer wieder von **Erdbeben** betroffen. Dabei wird der Nachbarstaat Haiti jedoch meist deutlich stärker in Mitleidenschaft gezogen. Das letzte verheerende Erdbeben in der Dominikanischen Republik ereignete sich 1946 in der Provinz María Trinidad Sánchez.

Berge

Die Dominikanische Republik ist das bergigste Land der Antillen. Im wichtigsten Gebirgszug, der **Cordillera Central (Zentralkordillere)**, erheben sich die höchsten Gipfel der Karibik, darunter der **Pico Duarte** und weitere Dreitausender. Ebenso entspringen hier die bedeutendsten Flüsse des Landes. Im Norden verläuft die **Cordillera Septentrional** parallel zur Küste und trennt diese vom Cibao-Tal. Mit 1249 m ist der **Pico Diego de Ocampo** unweit der Stadt Santiago (28) deren höchste Erhebung. Vergleichsweise flach verläuft die **Cordillera Oriental** südlich der Bucht von Samaná in Richtung Ostküste. Weitere Gebirgszüge finden sich im Südwesten des Landes: die **Sierra de Neiba** und die **Sierra de Bahoruco.**

074id-th

Flüsse

Das Land wird von 97 Flüssen und deren 556 Zuflüssen durchzogen. Mit 296 km Länge ist der **Río Yaque del Norte** der längste und wichtigste Fluss der Dominikanischen Republik. Er entspringt, wie auch der **Río Yaque del Sur** und der **Río Yuna**, in der Cordillera Central und mündet bei Montecristi (42) an der Nordküste in den Atlantik.

In der Cordillera Oriental, genauer bei Loma del Medio, entspringt der **Río Chavón**, der bei La Romana in das karibische Meer mündet. Sein wild anmutendes Ufer war Drehort für die Filmklassiker „Rambo II" und „Apocalypse Now".

Wasserfälle

Wo es viele Berge und Flüsse gibt, entstehen zwangsläufig auch viele Wasserfälle. Das Aushängeschild ist der wunderschöne **Salto El Limón** (64) inmitten dichter Vegetation auf der grünen Halbinsel Samaná.

Im zentralen Hochland sind mehrere Wasserfälle zu finden: Bei Jarabacoa (32) locken der **Salto de Baiguate** (34) und der **Salto de Jimenoa** (35). Nahe Constanza fällt der **Salto de Aguas Blancas** (38) über zwei Stufen insgesamt 83 m in die Tiefe. Zwischen Puerto Plata (46) und Santiago sind die **27 Charcos de Damajagua** (41) ein beliebtes Ziel für abenteuerlustige Reisende.

Malerischer Blick über die Zentralkordillere

052id-th

Mangroven

Mangrovenwälder spielen eine bedeutende Rolle im Ökosystem. Zum einen binden sie bis zu vier Mal mehr **Treibhausgase** als andere Baumarten, zum anderen fungieren sie als natürlicher **Küstenschutz.** Abgesehen davon sind sie ein wichtiges Habitat für zahlreiche **Fisch- und Vogelarten, Krebse und Krabben.** In der Dominikanischen Republik zählt man 55 Mangrovengebiete mit einer Gesamtfläche von 275 km². Die bekanntesten und größten liegen bei Montecristi, Río San Juan 50 und vor allem im Nationalpark Los Haitises 58.

Flora

Die Flora des Landes ist vielseitig. Man zählt rund 6000 Pflanzenarten, ein Drittel davon ist endemisch. Aufgrund der starken kommerziellen Nachfrage ist der **Nationalbaum** der Dominikanischen Republik, der bis zu 60 m hohe **Mahagonibaum,** vorwiegend in Nationalparks und anderen Schutzgebieten zu finden. Als **Nationalblume** gilt die rosa blühende **Rosa de Bayahibe,** eine stark bedrohte endemische Kaktusart.

In vielen Regionen ist der ursprüngliche **Regenwald** einem Sekundärwald gewichen, geprägt von tropischen Feigenbäumen, Silbereichen und Eukalyptus. Zum Teil werden hier auch Kakao, Bananen und Avocados angebaut.

Für Farbakzente sorgen über 300 verschiedene Arten von **Orchideen** und **Bromelien.** Auffällig sind auch die großen, rot blühenden **Flammenbäume,** die vielerorts zu entdecken sind.

An den **Stränden** wachsen die robuste Meertraube, Feigenbäume und vereinzelt auch der hochgiftige **Manchinelbaum** *(Manzanillo)* mit seinen an winzige Äpfel erinnernden Früchten. Und natürlich findet man auch unzählige Palmen. In Wassernähe stehen meist die salzverträglichen **Kokospalmen,** die aus offensichtlichen Gründen als Schattenplätze ausgeschlossen werden sollten. Auch die endemische **Königspalme** und die westindische **Kohlpalme** sind häufig anzutreffen. Die Blätter der ebenfalls endemischen **Cana-Palme,**

Einzigartiger Lebensraum: Mangroven bei Río San Juan 50

einer Fächerpalme, werden häufig zum Abdecken von Dächern verwendet. Sie ist außerdem Namensgeberin der Touristenregion Punta Cana.

Die Vegetation im zentralen **Hochland** erinnert ein wenig an mitteleuropäische Berggebiete: Grüne Hügel sind mit dichtem **Mischwald** bedeckt, auf dessen Böden Moose und Farne wachsen. In einer Höhenlage von etwa 2000 m geht der Misch- in **Nebelwald** über. Dieser ist geprägt von der Westindischen Pinie, einer Kiefernart, die oftmals üppig mit Flechten und Bromelien behangen ist.

In den trockenen Landstrichen, z. B. Montecristi im Nordwesten oder weite Teile des Südwestens, wachsen vor allem Zwergpalmen, Dornenbäume, Agaven und eine große Vielfalt an **Kakteen**.

Fauna

Eine gute Nachricht vorab: Trotz der exotischen Landschaften und Regenwälder wird man in der Dominikanischen Republik in der Regel nicht auf **gefährliche Tiere** treffen. Zwar gibt es Taranteln, Abgottschlangen *(Boa constrictor)*, Haie und Spitzkrokodile, jedoch stellt keines dieser Tiere eine Bedrohung für Reisende dar. Der äußerst unwahrscheinliche Biss einer **Tarantel** führt höchstens zu einer allergischen Reaktion, die vorkommenden **Schlangen** sind allesamt ungiftig und die **Spitzkrokodile** *(Crocodylus acutus)* leben ausschließlich im Lago Enriquillo (23), und zwar überwiegend auf der kleinen Insel Isla Cabritos in der Seemitte. **Haie** lassen sich mit etwas Glück bei Tauchgängen vor der Küste beobachten, allerdings verirrt sich nur alle paar Jahre mal ein kleiner Hai in Strandnähe. Gezielte Angriffe auf Menschen sind bislang nicht bekannt.

Meeresbewohner

Große Fische wie **Haie** und **Barrakudas** sind in der Regel nur im offenen Meer anzutreffen und selbst bei Tauchgängen gehört eine große Portion Glück dazu, sie zu Gesicht zu bekommen. Zahlreiche kleinere, farbenfrohe Fische, Seesterne und Seeigel, Wasserschildkröten und Langusten sind auch näher am Strand zu finden, so z. B. beim Schnorcheln.

065id-th

077id-th

Seekühe *(Manatí)* sind selten geworden und überwiegend rund um die Isla Saona 13 und bei Punta Rucia 44 an der Nordküste anzutreffen. Hin und wieder sind in diesen Gebieten auch **Delfine** zu entdecken.

Zwischen Mitte Januar und Ende März ist die Saison der **Buckelwale,** die sich in der Bucht von Samaná beobachten lassen (s. S. 75).

Reptilien

Sowohl die *Boa de la Hispaniola* als auch die kleineren Nattern sind allesamt völlig ungefährlich und eher selten anzutreffen. Ein häufiger Gast auf Balkonen und Terrassen sind kleine **Eidechsen** und **Geckos.** Ihre „großen Brüder", die Leguane, sind nur in bestimmten Gebieten heimisch und in freier Natur selten. Die bis zu 1 m langen **Nashornleguane** sind am Lago Enriquillo und an der Laguna de Oviedo 25 heimisch. Leider sind auch diese mittlerweile stark bedroht.

Säugetiere

Der **Schlitzrüssler** ist mittlerweile sehr selten und hat einen beinahe sagenumwobenen Status. Auch das **Zaguti** aus der Unterfamilie der Baumratten ist vom Aussterben bedroht. Neben Mäusen und Ratten sind **Fledermäuse** die am häufigsten vorkommenden Säugetiere auf der Insel: 18 verschiedene Arten bewohnen die zahlreichen Höhlen, die überall im Land zu finden sind.

Vögel

Es gibt rund 320 Vogelarten, von denen vor allem die verschiedenen Papageienarten, die kleinen Kolibris und die rosafarbenen Flamingos hervorstechen. **Nationalvogel** ist der **Palmschwätzer,** vor Ort als *Cigua Palmera* bezeichnet. An den Küsten sind unter anderem Möwen, Reiher, Pelikane, Fregattvögel und Tölpel zu beobachten. Der Nationalpark Los Haitises 58 ist der letzte Rückzugsraum des stark bedrohten *Gavilán de la Hispaniola,* eines Raubvogels aus der Familie der Habichtartigen.

Vogelbeobachtung in der Laguna de Oviedo 25 – die Flamingos sind ohne Zweifel der farbenfrohe Höhepunkt

Der Nationalpark Los Haitises 58 ist Lebensraum unzähliger Vogelarten, darunter auch der Braunpelikan

Von den Anfängen bis zur Gegenwart

Wenngleich die Dominikanische Republik bereits 2600 v. Chr. von den Siboney besiedelt wurde, einer jungsteinzeitlichen Kultur von Jägern und Sammlern, gelten die Taínos (s. S. 40) als die indigenen Vorfahren der heutigen Bevölkerung. Im 1. Jh. verließen sie das heutige Venezuela und gelangten auf die Insel, der sie den Namen „Quisqueya" gaben. Sie waren vom Stamm der Arawak und galten als ebenso handwerklich begabt wie friedfertig. Lange Zeit später, im 11. Jh., erreichte eine kleine Gruppe Kariben die Insel und siedelte sich im Gebiet der Halbinsel Samaná an. Immer wieder kam es zu Aggressionen gegen die Taínos.

6. Dez. 1492: Christoph Kolumbus stößt im Gebiet des heutigen Haiti auf die Insel und gibt ihr den Namen La Isla Española („Die spanische Insel"), woraus später Hispaniola wird.

28. Nov. 1493: Kolumbus kehrt mit 17 Schiffen und 1500 Männern zurück und errichtet mit La Isabela an der Nordküste die erste Siedlung im Gebiet der heutigen Dominikanischen Republik.

078id-th

1496: An der Mündung des Flusses Río Ozama wird die erste Hauptstadt der Neuen Welt gegründet: Santo Domingo de Gúzman [I6–7]. Verwaltet wird sie von Bartolomé Colón, dem Bruder von Kolumbus.

1501: Die ersten afrikanischen Sklaven werden auf die Insel gebracht. Sie ersetzen unzählige Indigene, die bei der Sklavenarbeit in Plantagen und Goldminen oder durch importierte Seuchen ums Leben gekommen sind. Die Sklaven aus Afrika schuften ab 1517 vorwiegend auf den Zuckerrohrplantagen.

1503: Ein erster großer Aufstand der Taínos gegen die Versklavung wird vom spanischen Gouverneur Nicolás de Ovando brutal niedergeschlagen.

1504: Die Kazikin (weiblicher Häuptling) Anacaona, verantwortlich für den gescheiterten Aufstand, wird in Santo Domingo öffentlich hingerichtet.

1519: Kazike Enriquillo führt einen weiteren Aufstand an, der sich zu einem langanhaltenden Krieg ausdehnt.

1533: Die Spanier geben nach und setzen die verbleibenden 500 Taínos auf freien Fuß. Diese lassen sich im Gebiet des heutigen Azua [F7] nieder.

1586: Der legendäre Pirat Sir Francis Drake, zu diesem Zeitpunkt noch in Diensten der englischen Krone, überfällt Santo Domingo und belagert die Stadt über einen Monat lang.

1697: Der Vertrag von Rijswijk teilt die Insel in das von Frankreich als Kolonialmacht regierte Saint-Domingue im Westen und das von Spanien beherrschte Hispaniola im Osten.

1822: Hispaniola fällt in die Hände der seit 1804 unabhängigen Haitianer.

Richtungsweisend war die „Entdeckung" durch Christoph Kolumbus

079id-th

1838: Juan Pablo Duarte (s. S. 110) gründet mit Ramón Mella und Francisco del Rosario Sánchez den Geheimbund „La Trinitaria" mit dem Ziel, die Unabhängigkeit von Haiti zu erlangen.

27. Feb. 1844: Mella und Sánchez stürmen den Regierungspalast und rufen die Erste Dominikanische Republik aus. Duarte befindet sich zu diesem Zeitpunkt bereits im Exil.

1861: Unter der Führung von Präsident Pedro Santana, der seit 1844 mehrfach im Amt war, ist das Land finanziell ruiniert und begibt sich wieder unter spanische Führung.

3. März 1865: Im Zuge des Restaurationskriegs, der 1863 beginnt, werden die Spanier verjagt und die Zweite Dominikanische Republik wird ausgerufen.

2. Jan. 1874: Ein sechsjähriger Bürgerkrieg (aus Protest gegen die Annexion durch die USA) und die dadurch begünstigte Invasion durch Haiti im Grenzgebiet endet mit einem Friedensvertrag zwischen beiden Nationen.

1882: Ulises Heureaux wird Präsident, mutiert zum Diktator und hinterlässt dem Land bei seiner Ermordung im Jahr 1899 einen Schuldenberg in Höhe von 40 Mio. US$.

1916: Beginn einer achtjährigen Besetzung durch die USA unter dem Vorwand der Monroe-Doktrin. Diese fordert die Unabhängigkeit aller Staaten des amerikanischen Kontinents von den europäischen Mächten nach dem Prinzip „Amerika den Amerikanern".

1930: Rafael Leónidas Trujillo wird Präsident, es beginnt eine blutige, 31 Jahre währende Diktatur.

1940: Das Land erklärt sich bereit, verfolgte Juden aus Europa aufzunehmen, die sich in Sosúa an der Nordküste ansiedeln. Was gerne verschwiegen

Einer der geschichtsträchtigen Schauplätze: die Fortaleza Ozama 3 *in der Hauptstadt Santo Domingo*

wird: Die Hilfsbereitschaft geht nicht primär auf Menschenliebe zurück, sondern ist ein perfider Plan des rassistischen Diktators Trujillo, die Bevölkerung „aufzuhellen".

25. Nov. 1960: Die Schwestern Patria, Minerva und María Teresa Mirabal, die gegen das Regime Trujillos kämpfen, werden von der Geheimpolizei ermordet (s. S. 50).

30. Mai 1961: Diktator Rafael Leónidas Trujillo wird von Attentätern ermordet.

1962: Präsident Joaquín Balaguer, zwei Jahre zuvor von Trujillo eingesetzt, legt sein Amt nieder und ruft die ersten freien Wahlen seit 38 Jahren aus. Präsident der Dritten Dominikanischen Republik wird Juan Bosch, der allerdings bereits nach sechs Monaten durch einen Militärputsch gestürzt wird.

1964–1965: Ein Bürgerkrieg bricht aus, als Bosch als Präsident wiedereingesetzt werden soll. Daraufhin beginnen die USA eine international umstrittene Militärintervention. Ein zweites Kuba soll mit allen Mitteln verhindert werden.

1966: Joaquín Balaguer setzt sich bei Wahlen gegen seinen ewigen Rivalen Juan Bosch durch und wird erneut Präsident. Später wird ihm Wahlfälschung nachgewiesen. Mit einer Unterbrechung zwischen 1978 und 1986 regiert Balaguer das Land 22 Jahre lang.

1996: Bei vorgezogenen Neuwahlen wird Leonel Fernández Reyna von der anfänglichen Mitte-Links-Partei *Partido de la Liberación Dominicana* (PLD) zum Präsidenten gewählt.

2000–2004: Unter Hipólito Mejía rutscht das Land in eine schwere Wirtschaftskrise. Die Inflation erreicht zwischenzeitlich über 40 %.

2004–2020: Die PLD regiert das Land vier Amtszeiten lang, zwei unter Leonel Fernández und zwei unter Danilo Medina. Die Unzufriedenheit der Bevölkerung über die zunehmende Vetternwirtschaft und Korruption steigt.

2020: Luis Abinader von der sozialdemokratischen *Partido Revolucionario Dominicano* (PRD) wird Präsident und verspricht, die Korruption zu bekämpfen. In den ersten Jahren seiner Amtszeit werden zahlreiche Politiker und hohe Funktionäre der vorigen Regierungen belangt.

2020–2023: Die Corona-Pandemie erreicht das Land. Durch geschickte Maßnahmen bricht der wichtigste Devisenbringer, der Tourismus, um lediglich 15 % ein. Die Dominikanische Republik schreibt bereits 2022 wieder Rekordzahlen.

2023–2024: Ein Konflikt am Fluss Río Masacre führt zu anhaltenden Spannungen im Grenzgebiet zu Haiti. Auf haitianischer Seite wird ein nicht genehmigter Kanal gebaut, der dem Fluss Wasser entzieht. Zwischenzeitlich eskaliert der Konflikt bis hin zu einer kompletten Grenzschließung und einem militärischen Großaufgebot in Alarmbereitschaft.

KURZ & KNAPP

Vater des Vaterlandes

Ein Name ist in der Dominikanischen Republik omnipräsent: **Juan Pablo Duarte** (1813–1876). Der Freiheitskämpfer, Schriftsteller und Politiker war Mitbegründer des Geheimbundes „La Trinitaria" und entscheidend am Erlangen der Unabhängigkeit am 27. Februar 1844 beteiligt. Heute sind unter anderem eine Provinz, Straßen und öffentliche Parks im ganzen Land sowie der höchste Gipfel der Insel 36 nach ihm benannt.

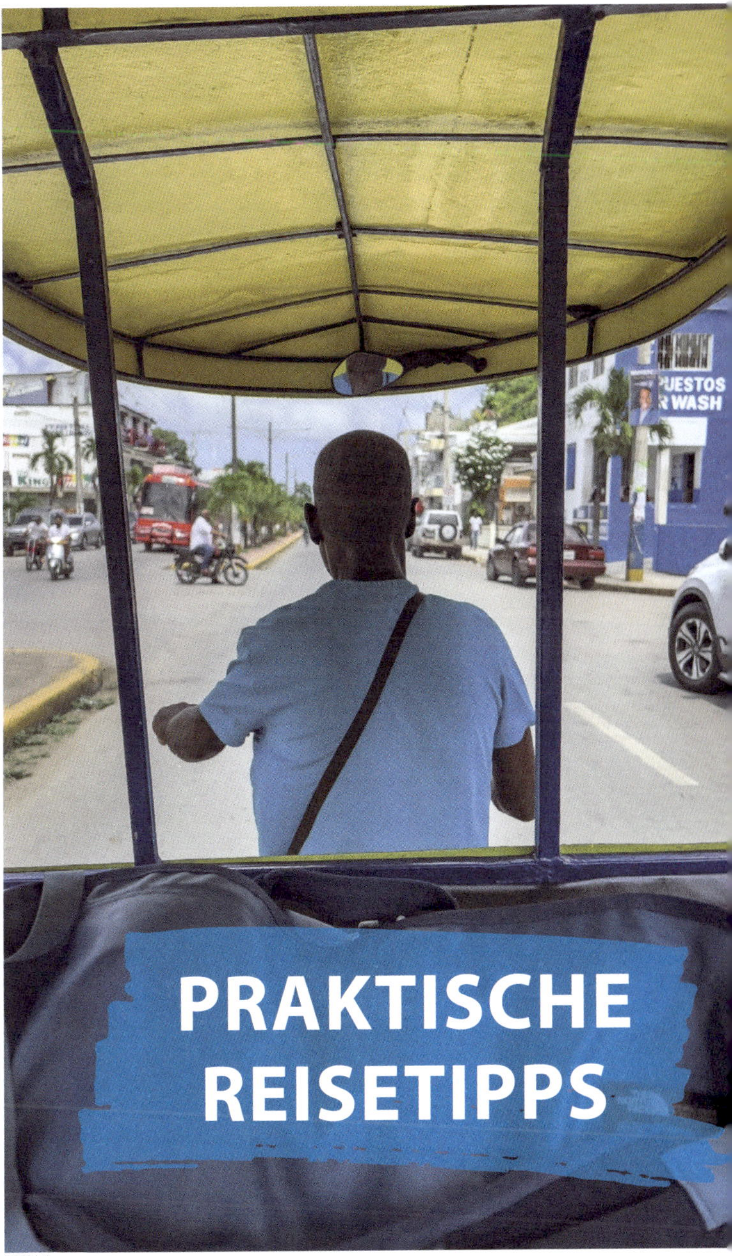

PRAKTISCHE REISETIPPS

080id-th

An- und Rückreise

Flughäfen und Flugverbindungen

Die wichtigsten internationalen Flughäfen in der Dominikanischen Republik sind der **Aeropuerto Internacional Las Américas (SDQ)** [J7] in der Nähe der Hauptstadt Santo Domingo im Süden, der **Aeropuerto Internacional Gregorio Luperón (POP)** [G1] an der Nordküste bei Puerto Plata 46 und der **Aeropuerto Internacional de Punta Cana (PUJ)** [O6] im Osten der Insel. Für Individualreisende gibt es lediglich zwei mögliche Gründe, den Letztgenannten anzusteuern: Entweder die Reiseroute startet im Südosten der Insel oder aber der Preisvorteil bei der Flugbuchung ist so beachtlich, dass die gut dreistündige Busfahrt nach Santo Domingo mit dem Expreso Bávaro (s. S. 130) in Kauf genommen wird.

› www.aeropuertolasamericas.com
› www.aeropuertopuertoplata.com
› www.puntacanainternationalairport.com

Mittlerweile hat sich der **Flughafen Frankfurt (FRA)** zum Drehkreuz für Flüge in die Dominikanische Republik entwickelt und so starten alle Nonstop-Flüge aus Deutschland hier. Dieser Flughafen wird wiederum mit Zubringerflügen von zahlreichen nationalen und europäischen Flughäfen bedient.

Aktuell bietet **Condor** das umfangreichste Flugangebot und meist die günstigsten Preise. Santo Domingo und Puerto Plata werden zweimal wöchentlich angeflogen (Mi. und So.), Punta Cana sogar täglich, außer in den Sommermonaten. Weitere Optionen bieten **Discover Airlines** in Kooperation mit **Lufthansa** (meist mit einem längeren Zwischenstopp in Mittel- oder Südamerika), sowie **Air Europa** mit einem Zwischenstopp von 2 bis 3 Std. in Madrid. Wer diesen nicht scheut, kann mit Air Europa häufig kräftig sparen. Die niederländische **KLM** fliegt gegenwärtig über die USA in die Dominikanische Republik, was eine ESTA-Genehmigung notwendig macht.

Aus der **Schweiz** bietet Edelweiss Air/Swiss Direktflüge von Zürich (ZRH) nach Punta Cana und Puerto Plata. Auch von hier besteht die Möglichkeit, mit Air Europa und einem Zwischenstopp in Madrid Geld zu sparen. Für Reisende aus **Österreich** sind keine Direktverbindungen verfügbar. Vom Flughafen Wien (VIE) führt der Weg in die Dominikanische Republik unter anderem über Zürich, Frankfurt oder Madrid.

Die **Flugdauer** von Deutschland beträgt etwa 9½ Stunden. **Preise** für Hin- und Rückflug schwanken je nach Jahreszeit und Anbieter. Ein wenig Flexibilität vorausgesetzt, ist es in der Regel möglich, Flüge zwischen 800 und 1200 € zu finden. In der **Nebensaison** (März/April und Okt./Nov.) gibt es vereinzelt Schnäppchen zwischen 500 und 650 €.

Wichtig zu beachten: **Kooperationen** zwischen Fluggesellschaften und somit Flugverbindungen ändern sich von Jahr zu Jahr. Hier sollte man sich also aktuell informieren, um das bestmögliche Angebot zu finden.

› www.condor.com
› www.discover-airlines.com
› www.aireuropa.com
› www.flyedelweiss.com

Vorseite: Im „mototaxi“ durch Santa Bárbara de Samaná 56

081id-th

Vom Flughafen zum Urlaubsort

Der **Flughafen Las Américas** liegt knapp 30 km von der kolonialen Altstadt Santo Domingos entfernt. Die etwa 30-minütige **Taxifahrt** kostet um die 40 US$. Ein Fahrer von **Uber** wird ungefähr die Hälfte verlangen.

Der **Flughafen Gregorio Luperón** an der Nordküste liegt jeweils 20 km von Puerto Plata und Cabarete 49 entfernt, nach Sosúa [G1] sind es 6 km. Das **Taxi** nach Puerto Plata oder Cabarete kostet 35 US$, nach Sosúa dementsprechend weniger.

Vom **Flughafen Punta Cana** sind die Hotels der Region Punta Cana bzw. Bávaro [O6] via **Taxi** erreichbar. Die Preise schwanken stark, da das Gebiet sehr weitläufig ist und die Hotels an der gesamten Ostküste verstreut sind. Mit einem Uber lässt sich aber auch hier kräftig sparen. Der **Busbahnhof** des Anbieters **Expreso Bávaro** befindet sich am Cruce de Verón, ca. 4 km vom Flughafen entfernt – hier fahren die **Busse in Richtung Santo Domingo** ab. Der Fahrpreis beträgt 400 RD$, die Fahrtdauer 3 Std. Wer von Santo Domingo direkt in Richtung Norden weiterreisen möchte (z. B. nach Santiago 28, Puerto Plata, Río San Juan 50 oder Santa Bárbara de Samaná 56), der kann an der Haltestelle Las Américas umsteigen und erspart sich so die zeitraubende Fahrt in die Hauptstadt.

› www.expresobavaro.com

Ausrüstung und Kleidung

Abends werden auch die **Moskitos** aktiv, vor allem an der Küste. Den Körper bedeckende, helle Kleidung hilft dabei, diese abzuwehren.

Bei längeren Busfahrten über die Insel sollte stets ein **Pullover** griffbereit sein, da die Busse häufig stark heruntergekühlt werden. Ein Pullover kann außerdem in höheren Lagen im Landesinneren in den Abendstunden von Vorteil sein.

Regenschauer fallen in der Karibik meist kurz und heftig aus und können sehr plötzlich auftreten. Ein kleiner **Regenschirm** vom Typ Knirps im Rucksack oder in der Handtasche kann hervorragende Dienste leisten.

Der kleine Flughafen bei Pedernales [B9] unterhält Verbindungen in die Hauptstadt (s. S. 42)

Die Problematik der **Stromausfälle** hat sich in den letzten Jahren zwar entschärft, dennoch ist es empfehlenswert, eine kleine **Taschen- oder Stirnlampe** und eine **Powerbank** griffbereit zu haben.

Autofahren

Allgemeine Hinweise

Selbst Auto zu fahren kann in der Dominikanischen Republik nur **unter Vorbehalt** empfohlen werden. Zu den **Herausforderungen** und Gefahren zählen die zahlreichen Schlaglöcher, fehlende Straßenbeleuchtung, Menschen und Tiere auf der Fahrbahn, schlecht sichtbare Bodenschwellen zur Geschwindigkeitsreduktion und vor allem der halsbrecherische Fahrstil der Einheimischen. Insbesondere Motorräder schlängeln sich in Höchstgeschwindigkeit durch die kleinsten Lücken im Verkehr. Es gilt die 0,25-Promille-Grenze.

› **Notruf (Pannenhilfe):** Tel. 911

Führerschein

Der deutsche Führerschein wird während eines touristischen Aufenthalts zwar anerkannt, dennoch wird das Mitführen eines **internationalen Führerscheins** empfohlen. Gleiches gilt für Führerscheine aus Österreich und der Schweiz.

Mietwagen

Direkt an den **Flughäfen** sind internationale Autovermietungen angesiedelt, weitere befinden sich in den jeweils nächstgelegenen Städten. Wer trotz der genannten Herausforderungen ein Auto mieten und selbst fahren möchte, dem sei für den Mietwagen eine **Vollkaskoversicherung** ans Herz gelegt.

Barrierefreies Reisen

Viele **Sehenswürdigkeiten** und **gastronomische Betriebe** sind nicht barrierefrei zugänglich, dasselbe gilt für

086id-th

öffentliche Verkehrsmittel. Meist ist zudem kein durchgängig nutzbarer **Bürgersteig** vorhanden – häufig sind Bereiche von fliegenden Händlern besetzt oder aufgrund von Schlaglöchern und fehlenden Gullideckeln z. B. nicht per Rollstuhl befahrbar.

Eine positive **Ausnahme** stellen hier die **All-inclusive-Hotels** dar. Viele der großen Resorts haben sich auf einen barrierefreien Urlaub eingestellt, vor allem in Bávaro und Punta Cana [O6]. Das **Iberostar Punta Cana** wird diesbezüglich besonders gelobt: Hier gibt es z. B. einen Poolzugang über eine Rampe, spezielle Strandrollstühle und natürlich barrierefreie Zimmer.

Private Transfers mit rollstuhlgerechten Kleinbussen übernimmt die Firma **DAT.**

› **Iberostar Punta Cana** €€€€ <161> Carr. El Macao – Arena Gorda, Punta Cana, Tel. 8095521359, www.iberostar.com/en/hotels/punta-cana
› **DAT – Dominican Airport Transfers,** Tel. 8299463927, www.dominicanairporttransfers.com

Diplomatische Vertretungen

Österreich hat keine eigene **Botschaft** *(embajada)* vor Ort, sondern in Havanna (Kuba). Konsularische Angelegenheiten werden vom Büro der Schweizerischen Botschaft aus betreut.

◁ Selbst in kleinen Städten wie Barahona ⓴ *ist der Straßenverkehr mitunter gewöhnungsbedürftig*

› **Deutsche Botschaft Santo Domingo** <162> Edificio Equinox, 5./6. Stock, Av. Núñez de Cáceres 11, Santo Domingo, Tel. +1809 5428949, www.santo-domingo.diplo.de, Mo.–Fr. 7.30–13 Uhr (Rechts- und Konsularreferat 8–11.30 Uhr), Bereitschaft außerhalb der Öffnungszeiten: Tel. +1809 5435650 (nur dringende Notfälle)
› **Österreichisches Botschaftsbüro Santo Domingo,** c/o Schweizerische Botschaft, Tel. +1809 4124014, E-Mail: santo-domingo-as@bmeia.gv.at, Mo.–Fr. 9–12 Uhr
› **Schweizerische Botschaft und Regionales Konsularcenter Santo Domingo** <163> Edificio Corporativo 2010, 10. Stock, Av. Gustavo Mejía Ricart 102, Piantini, Santo Domingo, Tel. +1809 5333781, www.eda.admin.ch/santodomingo, Mo.–Fr. 9–12 Uhr, EDA-Helpline +41 800247365

Ein- und Ausreisebestimmungen

Allgemeines

Für die Einreise wird ein gültiger **Reisepass** benötigt, der bis sechs Monate nach Ablauf der geplanten Reisezeit gültig ist. Kinder benötigen einen eigenen Reisepass. Der Kauf einer **Touristenkarte** ist **nicht mehr nötig,** da die Kosten dafür mittlerweile im Flugpreis inbegriffen sind.

Das **E-Ticket,** das die eidesstattliche Gesundheitserklärung, eine Zollerklärung und die Ein- und Ausreiseformulare in digitaler Form zusammenfasst, sollte bereits **vor der Reise** ausgefüllt werden und ein Screenshot des **QR-Codes** auf dem Smartphone oder der Code in ausgedruckter Form mitgeführt werden. Dieser wird bei der Ankunft gescannt. Das E-Ticket muss ebenfalls für die Ausreise ausgefüllt werden. Dies kann bereits vor der Reise geschehen oder in den letzten Urlaubstagen vor Ort. Wenn das E-Ticket nicht im Vorfeld online ausgefüllt wurde, dann muss dies am Flughafen nachgeholt werden.

Bei einem touristischen Aufenthalt von mehr als 30 Tagen wird eine zusätzliche **Aufenthaltsgebühr** erhoben und bei Ausreise am Flughafen fällig. Diese staffelt sich je nach Länge des Aufenthalts und beginnt mit 2500 RD$ (ca. 40 €) bei 30–90 Tagen.

› https://eticket.migracion.gob.do

Ein- und Ausfuhr

Deviseneinfuhr ab einem Wert von 10.000 US$ ist deklarationspflichtig. Es ist erlaubt, 1 l Rum (oder andere Spirituosen), 50 Zigarren und maximal 10 kg Kaffee aus der Dominikanischen Republik nach Deutschland **auszuführen** (Angaben pro Person).

Die **Ausfuhr von ungeschliffenen mineralischen Rohstoffen** (z. B. Larimar und Bernstein) sowie von Muscheln, Korallen, Seesternen, Meeresschildkröten und anderen exotischen Tieren ist **strengstens verboten.**

Das landestypische Getränk **Mamajuana** (s. S. 99) darf zwar ausgeführt werden, verursacht allerdings bei der Ankunft im Heimatland häufig Probleme beim Zoll. Grund dafür sind die enthaltenen Hölzer und Wurzeln, da Pflanzen nicht über Staatsgrenzen mitgenommen werden dürfen.

Weiterführende Informationen bietet der **Zoll**, teilweise auch per App.

› www.zoll.de
› www.bmf.gv.at/themen/zoll.html
› www.bazg.admin.ch/bazg/de/home.html

Elektrizität

Die **Netzspannung** in der Dominikanischen Republik beträgt 110 Volt. Die verwendeten **Steckdosen** sind Typ A und B (wie in den USA). Daher gehört ein **Reiseadapter** ins Gepäck. Ein Typ-A-Adapter funktioniert auch bei Steckdosen des B-Typs.

Geldfragen

Wechselkurs

1 US$	59 RD$
1 €	63 RD$
1 SFr.	66 RD$
100 RD$	1,58 €/1,70 US$/1,51 SFr.

Stand: Frühjahr 2024

Währung und Zahlungsmittel

Die offizielle Währung ist der **Dominikanische Peso**, abgekürzt **DOP** oder **RD$.** Fremdwährungen können bei Banken und in einer **Wechselstube** (*casa de cambio*) in die Landeswährung getauscht werden. Wechselstuben bieten hierbei in der Regel einen besseren Kurs an. Auf offener Straße oder in unseriös wirkenden Lokalitäten sollte der Devisenwechsel unbedingt vermieden werden. Die an **Flughäfen** angebotenen Wechselkurse liegen deutlich unter dem offiziellen Kurs. Es ist daher empfehlenswert, zunächst mit dem Taxi in die Stadt zu fahren, den Fahrpreis in US$ (eventuell wird auch Euro akzeptiert) zu bezahlen und sein Geld dann in der Stadt zu wechseln. In touristischen Gebieten und in größeren Städten wird bei höheren Beträgen oft auch der **US-Dollar** als Zahlungsmittel akzeptiert.

Kartenzahlung ist meist nur in großen Supermärkten, Läden und Bouti-

Dominikanische Republik preiswert

- **Attraktionen:** Einige Museen und historisch bedeutsame Orte können kostenlos besichtigt werden, darunter der Panteón de la Patria (s. S. 20) in Santo Domingo und das Casa Museo Máximo Gómez (s. S. 60) in Montecristi 42.
- **Einkaufen:** In Supermärkten gibt es bei zahlreichen Artikeln – von Nudeln über Bier bis zu Toilettenpapier – lokale und importierte Varianten. Die einheimischen Produkte sind meist erheblich preiswerter als die teuren Importe.
- **Essen gehen:** Preiswert sind die sogenannten Comedores, einfache Restaurants, in denen überwiegend Einheimische essen. Als leckerer Snack für zwischendurch bieten sich Empanadas an – die frittierten Teigtaschen mit diversen Füllungen gibt es an fast jeder Straßenecke. Wer Heißhunger auf Fast Food hat, der sollte nach einem Food Park Ausschau halten. Man findet sie in den meisten Städten und das Angebot ist vielseitig. Die einzelnen hier versammelten Stände bieten Burger, Hotdogs, Pizza, Tacos und dominikanische Spezialitäten wie „yaroa" und „salchipapa" (s. S. 100). Die leckeren Kalorienbomben sind dabei meist viel günstiger als in internationalen Franchise-Restaurants.
- **Konzerte:** Musikfreunde kommen jeden Sonntag auf ihre Kosten. Im lebhaften Viertel Los Pepines in Santiago 28 wird ab 16 Uhr zu „El Son de Keka" getanzt (s. S. 45). Im Monasterio de San Francisco (s. S. 20) in Santo Domingo spielen Musiker der **Grupo Bonyé** (www.instagram.com/bonyerd) zwischen 18 und 22 Uhr Merengue, Bachata (s. S. 22), Jazz und mehr. Beide Veranstaltungen sind kostenlos.
- **Transport:** Wer in den großen Städten anstelle von Taxis auf Uber (s. S. 130) zurückgreift, kann oftmals 30–40 % sparen. In kleineren Städten, wo der Verkehr nicht ganz so chaotisch ist, sind Motorradtaxis (motoconchos, s. S. 131) die preisgünstigste Wahl.

⊡ *Abwechslungsreich und preiswert ist das Angebot der Food Parks im Land*

082id-th

quen möglich. Viele kleinere Geschäfte akzeptieren lediglich Barzahlung, allerdings können sich große Banknoten (1000 oder 2000 RD$) manchmal als Problem erweisen, da Wechselgeld häufig knapp ist. Es empfiehlt sich daher, bei jeder Gelegenheit, z. B. beim Einkauf in einem Supermarkt oder bei der Bezahlung in einem besseren Restaurant, einen großen Schein „klein zu machen".

Abhebungen am **Geldautomaten** sollten stets in **Landeswährung** mit dem Konto verrechnet werden. Die Abrechnung mit dem eigenen Konto in Euro, auch als Dynamic Currency Conversion (DCC) bekannt, führt zu einem ungünstigeren Wechselkurs. Die anfallenden Gebühren bei einer Bargeldabhebung sind vergleichsweise hoch und hängen sowohl vom Kartenanbieter als auch von der Bank vor Ort ab.

Debitkarten (in Deutschland auch als **Girocard** bekannt) mit Maestro-Funktion sind noch bis zu ihrem Laufzeitende gültig, werden aber seit Juli 2023 sukzessive gegen sogenannte Mastercard-Debit-Karten ausgetauscht, mit denen man ebenfalls im Ausland zahlen und Geld abheben kann. Debitkarten mit **V-Pay-Symbol** funktionieren außerhalb der EU generell nicht, die neuen Visa-Debitkarten hingegen in der Regel schon. Viele Banken sperren Debitkarten aus Sicherheitsgründen für den Einsatz im

087id-th

außereuropäischen Ausland oder beschränken den Verfügungsrahmen. Man sollte sich im Vorfeld erkundigen und die Karte ggf. freischalten lassen.

Eine gute Option ist die Anschaffung einer **Reisekreditkarte** mit gebührenfreier Auslandsnutzung, die dauerhaft keine Jahresgebühr erhebt.

Preisniveau

Die Dominikanische Republik ist im Vergleich zu den meisten anderen Karibikinseln zwar günstig, aber sie kann seit Längerem nicht mehr als billiges Reiseziel bezeichnet werden. Die **Preisspanne** bei **Unterkünften** und **Restaurants** ist groß, wobei das beste Preis-Leistungs-Verhältnis meist irgendwo in der Mitte liegt. Eine Mahlzeit kann von 4 € in einem einfachen Restaurant *(comedor)* bis zu 20 € und mehr in einem schicken Restaurant kosten. Ein genauer Blick auf die **Speisekarte** ist unbedingt notwendig, denn viele Restaurants, Cafés und Bars schreiben die Preise ohne die fälligen Steuern aus und vermerken im Kleingedruckten, dass diese noch aufgerechnet werden. Somit kann sich der ausgeschriebene Preis um 18 % **Mehrwertsteuer** (ITBIS) und 10 % gesetzliches **Trinkgeld** *(propina legal)* erhöhen.

Der Eintritt in **Museen, Nationalparks und Landschaftsschutzgebiete** kostet meist zwischen 100 und 250 RD$ (ca. 2–4 €).

Öffentliche Verkehrsmittel sind günstig. Ein Beispiel: Die viereinhalbstündige Fahrt im großen, klimatisierten Reisebus von Caribe Tours von Santo Domingo nach Puerto Plata 46 – also von der Süd- zur Nordküste – kostet nur 500 RD$ (ca. 8 €). Kleinere Busse, die lokale Strecken bedienen, sind noch günstiger.

Gesundheitsvorsorge

Impfungen

Bei direkter Einreise aus Deutschland, Österreich und der Schweiz sind keine Pflichtimpfungen vorgeschrieben. Es wird aber empfohlen, den Standardimpfschutz auf dem aktuellen Stand zu haben. Hierzu gehören v.a. **Tetanus, Diphtherie** und **Hepatitis A.**

Moskitos

Ein großes Thema ist, wie vielerorts in den Tropen, die Übertragung teils gefährlicher Krankheiten durch Mückenstiche. Hierzu gehören das **Zika-Virus, Chikungunya-Fieber, Dengue-Fieber** und **Malaria.** Man sollte auch tagsüber auf eine ausreichende Expositionsprophylaxe achten. Unbedeckte Körperstellen sollten regelmäßig mit Insektenschutzmittel eingesprüht werden. Zwar sind die **Malaria-Fälle** in den letzten Jahren gestiegen, allerdings ist über die Hälfte aller Infektionen auf einige wenige Außenbezirke der Hauptstadt Santo Domingo zurückzuführen. Dort leben die Menschen unmittelbar am Flussufer in ärmlichen Verhältnissen, was die Verbreitung leider begünstigt. Für Reisende ist das Grenzgebiet zu Haiti relevant, vor allem rund um den Lago Enriquillo 23 und bei Pedernales [B8].

In ländlichen Gebieten und in kleineren Hotels in Strandnähe hängt häufig ein **Moskitonetz** über dem Bett, das sehr nützlich gegen die Blutsauger ist. Bei starkem Fieber, vor allem nach Mückenstichen, sollte man umgehend einen Arzt aufsuchen.

Museen wie das Bernsteinmuseum in Puerto Plata 46 sind sehr günstig

Vorbeugung von Durchfallerkrankungen

Leitungswasser sollte niemals getrunken werden, sondern ausschließlich aufbereitetes Wasser aus Flaschen und Trinkwasserspendern. Aufpassen sollte man bei **Eiswürfeln:** Wenn man den hygienischen Umständen einer Lokalität nicht traut, dann sollte man seine Getränke lieber „ohne Eis" *(sin hielo)* bestellen. Geschältes Obst, Salat und Eier sollten nur dort verzehrt werden, wo der **hygienische Gesamteindruck** überzeugt. Bei kleinen Restaurants, Food Trucks oder Straßenimbissen sollte man sich an der einheimischen Bevölkerung orientieren. Dort, wo viele kaufen, ist das Risiko in der Regel am geringsten.

Trotz aller Vorsicht ist es dennoch nicht unwahrscheinlich, zumindest kurzzeitig etwas empfindlich zu reagieren. Ein **Durchfallmedikament** gehört daher unbedingt in die Reiseapotheke.

Zwischen April und September wird vor dem **Verzehr von Fisch** gewarnt, da es zu schweren Vergiftungen kommen kann, ausgelöst durch Ciguatoxin, das die Fische vermutlich über vergiftete Algen aufnehmen. Fische aus der offenen See sind meist weniger betroffen als küstennah lebende Arten.

Hygiene

Zum Thema **Leitungs- und Trinkwasser** siehe oben.

Die Hygiene in den **Unterkünften** ist in der Regel gut, selbst in der niedrigeren Preiskategorie. Ausnahmen sind gelegentlich bei extrem günstigen Hotels zu finden, die überwiegend auf einheimische Reisende mit niedrigem Budget ausgerichtet sind.

In einfachen Restaurants *(comedores)* lässt die Sauberkeit der **Toiletten** häufig zu wünschen übrig. Gehobene Restaurants und Cafés legen meist großen Wert auf tadellose sanitäre Einrichtungen. Gewöhnungsbedürftig sind hingegen die Toiletten in Busterminals. Es schadet nicht, stets ein Päckchen **desinfizierende Feuchttücher** im Rucksack zu haben.

Kakerlaken sind leider weit verbreitet in der Dominikanischen Republik. Hierbei sind Kategorie und Preis der Unterkunft nicht von Bedeutung. In naturnahen Unterkünften mit eher offener Bauweise kommen sie häufiger vor als in klimatisierten Stadthotels mit geschlossenen Fenstern. Zwar sind sie eklig, aber völlig ungefährlich.

Informationsquellen

Infostellen auf der Insel

Es gibt eine kleine, improvisierte **Touristeninformation** in der **Zona Colonia von Santo Domingo.** Ähnliche Infostellen gibt es zwar auch in anderen Städten des Landes, jedoch sind die angebotenen Informationen sehr überschaubar und die Öffnungszeiten nicht verlässlich.

- **Caseta de Información Turística** <164> C. El Conde, Ecke C. Las Damas, Santo Domingo, Tel. +1809 2214660, Mo.–Sa. 8–18, So. 9–16 Uhr

Dominikanische Republik im Internet

- **www.godominicanrepublic.com:** offizielle Internetseite des Tourismusministeriums mit umfangreichen Informationen (auch auf Englisch) zu sämtlichen reiserelevanten Themen. Außerdem lassen sich zahlreiche Broschüren und Karten herunterladen (Link s. unten unter „Publikationen und Medien").
- **www.domrep-magazin.de:** deutschsprachige Website mit aktuellen Nachrichten aus der Dominikanischen Republik
- **www.dr1.com:** englischsprachiges Forum rund um die Inselnation, das seit vielen Jahren vielfältige Themen behandelt und auch themenbezogen konkrete Fragen beantwortet
- **YouTube-Kanal von AndariegoDo:** Wer über Spanischkenntnisse verfügt, der kann hier reichlich Inspiration für seine Reise finden. Die Videos sind hochwertig produziert und sehr informativ.

Publikationen und Medien

Auf der Website des Tourismusministeriums finden sich mehrsprachige **Broschüren** zu verschiedenen touristischen Themen und Teilregionen zum kostenlosen Download:

- www.godominicanrepublic.com/media/media-kit/material-downloads

Smartphone-Apps

- **Mi Republica Dominicana:** Die offizielle App des Tourismusministeriums ist auf Englisch und Spanisch verfügbar. Geboten werden ein tagesaktueller Währungsrechner und eine Landkarte, auf der etliche Sehenswürdigkeiten und interessante Orte im Land verzeichnet sind (kostenlos für Android und iOS).
- **Puerto Plata Click:** Diese englischsprachige App widmet sich vielfältigen Themen rund um die Stadt Puerto Plata 46 und vereinzelt zu Cabarete 49 sowie Sosúa: Es gibt Informationen zu Sehenswürdigkeiten, Ausflügen, Hotels, Restaurants und mehr (kostenlos für Android und iOS).

Internet und Telefonieren

Das Internet ist in der Dominikanischen Republik sehr gut ausgebaut, nur in einigen sehr abgelegenen Teilen der Insel wird der Empfang schwierig. Nahezu alle Hotels bieten **kostenfreies WLAN.** In größeren Ortschaften gibt es kostenfreie Hotspots, häufig rund um zentrale Plätze und in Einkaufszentren. Viele der großen Busse im Überlandverkehr, vor allem die der bekanntesten Anbieter wie Caribe Tours und Metro, bieten den Fahrgästen kostenloses WLAN an. Allerdings sollte man sich nicht darauf verlassen, denn nicht in allen Bussen funktioniert es tatsächlich.

Es ist ratsam, sich eine **lokale SIM-Card** zu besorgen. Die beiden größten Anbieter sind **Altice** und **Claro**, wobei Altice flexiblere Datenoptionen anbietet (1, 3, 7, 15 und 30 Tage, je nach Urlaubsdauer). Beispiel: 15 GB für 15 Tage kosten 699 RD$ (ca. 11 €). Das ist mehr als ausreichend für Kommu-

Meine Literaturtipps

- Alvarez, Julia: **„Die Zeit der Schmetterlinge“**, Piper 2017, und **„Wie die García-Girls ihren Akzent verloren“**, Piper 2000. Die Autorin wurde in New York geboren, zog mit nur drei Monaten mit ihren Eltern in deren alte Heimat, die Dominikanischen Republik, und musste im Alter von zehn Jahren von dort fliehen, da ihr Vater in einen missglückten Putschversuch gegen den Diktator Rafael Leónidas Trujillo involviert gewesen war. Ihr Buch „Zeit der Schmetterlinge“ handelt vom unerbittlichen Kampf der Mirabal-Schwestern (s. S. 50) gegen Trujillo und wurde im Jahr 2001 mit Salma Hayek und Edward James Olmos in den Hauptrollen verfilmt. Ihr Roman „Wie die García-Girls ihren Akzent verloren“ handelt vom schwierigen Leben zwischen den Kulturen – einer Realität, der sich viele dominikanische Familien in den USA stellen müssen.
- Danticat, Edwidge: **„Die süße Saat der Tränen“**, Claassen 1999. Die aus Haiti stammende US-amerikanische Autorin befasst sich in ihrem Roman mit dem furchtbaren Massaker aus dem Jahr 1937. Im Grenzgebiet zwischen Haiti und der Dominikanischen Republik ließ Trujillo über 20.000 Haitianerinnen und Haitianer ermorden.
- Díaz, Junot: **„Das kurze wundersame Leben des Oscar Wao“**, Fischer 2009. Gefeierter Roman eines US-amerikanischen Autors, der in Santo Domingo geboren wurde. Die tragische Familiensaga beschreibt das von Widerständen geprägte Leben von Oscar und seiner drei Generationen umspannenden Familie. Der Roman wurde 2008 mit dem Pulitzer-Preis ausgezeichnet.
- Vargas Llosa, Mario: **„Das Fest des Ziegenbocks“**, Suhrkamp 2002. Auch der peruanische Literaturnobelpreisträger thematisierte das grausame Wirken von Rafael Leónidas Trujillo. In seinem Roman wird die Diktatur aus verschiedenen Perspektiven betrachtet und es werden ihre tiefgreifenden Folgen auf die Menschen dargestellt.

nikation, Information und Orientierung unterwegs. Aktivitäten mit hohem Datenverbrauch sollte man dagegen im WLAN-Netz erledigen. Bei Bedarf kann unkompliziert ein weiteres Datenpaket aufgeladen werden. Die SIM-Card inkl. Aktivierung kostet 300 RD$. Hierzu wird ein gültiger **Reisepass** benötigt. Das **Guthaben** kann auch in den meisten Lotto-Verkaufsstellen *(bancas de lotería)* aufgeladen werden. **Läden** beider Anbieter finden sich in jedem größeren Ort, etwa in der Zona Colonial der Hauptstadt:

- **Altice** <165> C. El Conde, Ecke C. Sánchez, S. Domingo, Mo.–Sa. 8–19 Uhr

Telefonnummern in der Dominikanischen Republik beginnen mit einer der drei **regionalen Vorwahlen:** 809 (am häufigsten), 829 oder 849. Es folgt eine siebenstellige Nummer. Diese Vorwahl ist fester Bestandteil der Telefonnummer und wird auch dann gewählt, wenn man von Stadt zu Stadt telefoniert oder auf einem Mobiltelefon anruft. In diesem Buch sind daher alle Telefonnummern mit der Regionalvorwahl angegeben.

Vorwahlen

- **Dominikanische Republik:** 001
- **Deutschland:** 01149
- **Österreich:** 01143
- **Schweiz:** 01141

LGBT+

Obwohl die Dominikanische Republik sehr katholisch und machistisch geprägt ist, besteht eine große **Toleranz** und Akzeptanz gegenüber der LGBT-Gemeinde. Gemeinhin gilt das Motto „leben und leben lassen". In den großen Städten, vor allem in den gehobeneren Stadtvierteln, und in touristischen Orten wie Cabarete (49), Las Terrenas (65) und Punta Cana [06] ist dies besonders deutlich zu spüren. Lediglich auf übertriebene Zuneigungsbekundungen in der Öffentlichkeit sollte verzichtet werden, was aber ebenso für heterosexuelle Paare gilt.

Die **Zona Colonial** in der Hauptstadt Santo Domingo fällt durch ihre aktive Szene auf.

Maße und Gewichte

Die Maß- und Gewichtseinheiten entsprechen überwiegend dem **US-amerikanischen Vorbild.**

Flüssigkeiten in größeren Mengen, vor allem Benzin, werden in Gallonen *(galones)* verkauft: 1 *galón* (abgekürzt: gal) entspricht 3,785 Liter.

Gewichte werden in Unzen *(onzas)* und Pfund *(libras)* angegeben: 1 *libra* sind 16 *onzas* (oz) und entspricht umgerechnet 453 Gramm. 1 *onza* sind folglich 28,35 Gramm.

Für **Längenangaben** werden die alten Einheiten Zoll *(pulgada)* und Fuß *(pies de largo)* verwendet: 1 *pulgada* entspricht 2,54 cm, 1 *pie de largo* sind 30,48 cm.

Lediglich bei **Entfernung** und **Geschwindigkeit** folgt die Dominikanische Republik dem europäischen Standard und gibt diese in km und km/h an.

Der spannende Minigolfplatz im Katmandu Park (s. S. 124) in Punta Cana bietet Unterhaltung für alle Altersklassen

Medizinische Versorgung

Die größeren Orte bieten meist zwei Optionen: ein **öffentliches Krankenhaus** *(hospital)* und eine **private Klinik** *(clínica* oder *centro médico).* Die öffentlichen Krankenhäuser setzen gute Spanischkenntnisse und viel Zeit voraus, dafür sind sie sehr günstig – es werden nur Verbrauchsmaterialien berechnet, die Beratung ist kostenlos. In Privatkliniken hingegen trifft man häufig auf Ärztinnen und Ärzte mit Auslandserfahrung und **Englischkenntnissen.** Eine medizinische Beratung beginnt dort je nach Klinik bei etwa 1500 RD$ (knapp 30 €). Bei aufwendigeren Behandlungen können leicht beachtliche Kosten entstehen. Eine **Auslandsreisekrankenversicherung** ist daher unbedingt empfehlenswert, insbesondere, weil sie auch einen notwendigen Rücktransport ins Heimatland ermöglicht.

Eine Ausnahme stellt das **Hospital Metropolitano de Santiago** (s. rechts) dar. Der Name lässt auf ein öffentliches Krankenhaus schließen, jedoch handelt es sich hier um die größte Privatklinik der Dominikanischen Republik und eine der modernsten in Lateinamerika.

Medikamente müssen in der **Apotheke** *(farmacia)* selbst gekauft werden. Die Preise liegen in etwa auf deutschem Niveau, teilweise darüber. Apotheken gibt es überall, selbst in kleineren Orten. Man erkennt sie an einem roten Kreuz. Allerdings ist das Angebot dort in der Regel etwas eingeschränkt. Wichtige persönliche Medikamente und eine kleine Reiseapotheke sollten am besten von zu Hause mitgebracht werden. In größeren Städten findet man immer eine Apotheke mit langen Öffnungszeiten (oft sogar 24 Std.).

› **Centro Médico Dr. Bournigal** <166> C. Antera Mota 138, Puerto Plata 46, Tel. 8095862342, www.centromedicobournigal.com, tägl. 24 Std.

■ **Clínica Abreu** <167> C. Arzobispo Portes 853, in Gazcue nahe der Altstadt, Santo Domingo, Tel. 8096884411, www.clinicaabreu.com.do, tägl. 24 Std.

› **Hospital Metropolitano de Santiago (HOMS)** <168> Autopista Juan Pablo Duarte, Km 28, Santiago 28, Tel. 8299472222, https://homs.com.do, tägl. 24 Std.

Mit Kindern unterwegs

Die Menschen in der Dominikanischen Republik sind äußerst **kinderlieb.** Dennoch sollte man stets ein wachsames Auge auf die Kleinen haben, denn das dominikanische Verständnis von Aufmerksamkeit und Vorsicht entspricht nicht unseren Vorstellungen. Dies ist besonders in der Nähe von Straßen und Wasser (Strand, Pool etc.) wichtig.

083id-th

Ein **Kinderwagen** ist außerhalb großer Hotelanlagen eher unpraktisch, da Straßen, Gehwege und öffentliche Verkehrsmittel nicht darauf ausgelegt sind. Praktischer ist eine **Babytrage.**

Kindernahrung (sowohl Milchpulver als auch Beikost) ist in jedem größeren Supermarkt und in vielen Apotheken erhältlich. Gleiches gilt für **Windeln.** In Apotheken wird außerdem „Agua Orbis" verkauft, ein speziell für die Zubereitung von Säuglingsnahrung abgefülltes Wasser, das besonders strengen Kontrollen unterliegt. Bei der Zubereitung von **Säuglingsnahrung** unter Verwendung von Trinkwasser aus Flaschen oder Trinkwasserspendern wird empfohlen, dieses zusätzlich abzukochen.

Für Familien mit Kindern sind besonders die **Strände von La Ensenada** [D1] und **Punta Rucia** 44 an der Nordküste empfehlenswert, da das Ufer dort flach abfällt und es eher geruhsam zugeht.

Spannende **Ausflugsziele** für Familien mit Kindern finden sich vor allem in der Hauptstadt Santo Domingo, darunter das Marinemuseum Museo de las Atarazanas Reales 6, das Schokoladenmuseum namens Kahkow Experience (s. S. 20) und das interaktive Kino The Colonial Gate 4D Cinema 2. In Punta Cana ist der Katmandu Park ein Anlaufpunkt:

› **Katmandu Park** <169> Av. Alemania, Punta Cana, Tel. 8095521052, https://puntacana.katmanduparks.com, Mi./Do. und So. 10–18, Fr./Sa. 10–24 Uhr. Tolles Erlebnis für Kinder, Jugendliche und jung gebliebene Erwachsene. Attraktionen wie Minigolf, Trampoline, Hindernisparcours, kleine Läden und ein Food Park. Der Park selbst ist kostenfrei, lediglich die Attraktionen kosten. Am Wochenende viel Musik und verschiedene Shows.

Notfälle

Notruf

› **Allg. Notrufnummer:** Tel. 911 (Polizei, Feuerwehr, Notarzt). Diese Nummer gilt nur für größere Städte und Ortschaften. Ansonsten muss selbstständig die nächste Polizeiwache oder Klinik aufgesucht werden.

Polizei

› **CESTUR (Tourismuspolizei)** <170> Av. Gustavo Mejía Ricart 121, Ecke C. Teodoro Chasseriau, Santo Domingo, Tel. 8092222026, https://politur.gob.do

› **Policía Nacional** <171> Av. Leopoldo Navarro 402, Santo Domingo, Tel. 8096822151

Kartensperrung

Bei Verlust der **Debit-/Giro-**, **Kredit-**, oder **SIM-Karte** gibt es für Kartensperrungen eine **deutsche Zentralnummer** (unbedingt vor der Reise klären, ob die eigene Bank bzw. der jeweilige Mobilfunkanbieter diesem Notrufsystem angeschlossen ist). **Aber Achtung:** Mit der telefonischen Sperrung sind die Bezahlkarten zwar für die Bezahlung/Geldabhebung mit der PIN gesperrt, nicht jedoch für das **Lastschriftverfahren mit Unterschrift.** Man sollte daher auf jeden Fall den Verlust zusätzlich bei der Polizei zur Anzeige bringen, um gegebenenfalls auftretende Ansprüche zurückweisen zu können. In **Österreich** und der **Schweiz** gibt es keine zentrale Sperrnummer, daher sollten sich Besitzer von in diesen Ländern ausgestellten Debit- oder Kreditkarten vor der Abreise bei ihrem Kreditinstitut über den zuständigen Sperrnotruf informieren.

Generell sollte man sich immer die **wichtigsten Daten** wie Kartennummer und Ausstellungsdatum **separat notieren**, da diese unter Umständen abgefragt werden.

› **Deutscher Sperrnotruf:** Tel. +49116116 oder Tel. +493040504050
› **Weitere Infos:** www.kartensicherheit.de, www.sperr-notruf.de

Öffnungszeiten

› **Banken:** Bankfilialen öffnen an Wochentagen zwischen 8 und 9 Uhr und schließen zwischen 16 und 17 Uhr. Samstags sind sie von 9 bis 13 Uhr geöffnet. So gut wie jede Bank verfügt über einen Geldautomaten, der rund um die Uhr zugänglich ist.
› **Geschäfte:** In der Regel öffnen Geschäfte zwischen 8 und 9 Uhr. Kleinere Läden schließen meist zwischen 18 und 19 Uhr, die großen Supermärkte (z. B. La Sirena und El Nacional) erst gegen 22 Uhr und lediglich am Sonntag etwas früher. In jeder größeren Stadt und in Orten von touristischer Bedeutung wie Bayahibe (12) gibt es mindestens einen großen Supermarkt, der bis spätabends und sonntags zumindest bis zum frühen Nachmittag geöffnet ist. Die kleinen *colmados* (Tante-Emma-Läden) sind meist bis spät am Abend geöffnet.
› **Museen:** Die meisten Museen öffnen zwischen 9 und 10 Uhr und schließen zwischen 17 und 18 Uhr. Montags bleiben fast alle geschlossen. Die staatlichen Museen verschieben ihre Öffnungszeiten zwischen Sommer und Winter manchmal um eine Stunde, um sie an die früher einsetzende Dunkelheit anzupassen. Dies wird aber jedes Jahr vom zuständigen Ministerium entschieden und folgt keiner festen Regelung. Am besten vermeidet man die Randzeiten (9–10 und 17–18 Uhr).

084id-th

› **Restaurants** haben in der Regel durchgehend geöffnet, Mittagspausen sind eine Ausnahme. Saisonale Schließzeiten sind eher selten.

Post

Das **Instituto Postal Dominicano (INPOSDOM)** unterhält Postämter in den größeren Städten an der Küste und in einigen Orten im Landesinneren. Diese sind in der Regel von Montag bis Freitag zwischen 8 und 16 Uhr geöffnet.

Für Postkarten und Briefe bis 25 g beträgt das **Porto** 60 RD$, Briefe zwischen 25 und 50 g kosten 100 RD$. Die voraussichtliche Zeit für die Zustellung beträgt 11–14 Werktage.

Wenn gerade kein Einsatz ist, geht es auf der Feuerwache in Baní (17) entspannt zu

Für Reisende bietet sich z. B. das **Postamt in der Zona Colonial von Santo Domingo** an, das in einem schönen Kolonialstil-Gebäude direkt neben dem Parque Colón untergebracht ist:

- **Institutio Postal Dominicano Santo Domingo** <172> C. Isabel La Cátolica, Ecke C. El Conde, Tel. 8095435838, http://inposdom.gob.do, Mo.–Fr. 8–16 Uhr

Sicherheit

Auf der Halbinsel Samaná kam es in den letzten Jahren vereinzelt zu (meist) gewaltlosen Überfällen auf abgelegenen Wanderwegen und gegen Abend an einsamen Stränden. Zu **Wanderungen** sollte man stets **in kleinen Gruppen** aufbrechen oder einen lokalen **Guide** anheuern. Einsame Strände sollte man vor Sonnenuntergang verlassen.

Größer ist die Gefahr von **Taschendiebstählen**, die aber durch einige einfache Tipps nahezu auszuschließen ist. Portemonnaie und Handy gehören grundsätzlich in die Seitentaschen der Hose, niemals in die Gesäßtaschen. Handtaschen sollten geschlossen sein und lieber vor dem Körper als auf dem Rücken hängen. Man sollte immer einige Münzen und kleinere Scheine (50 RD$ und 100 RD$) in der Hosentasche aufbewahren, sodass man nicht bei jeder Kleinigkeit das Portemonnaie herausholen muss. Auch auf die übermäßige Zurschaustellung von kostbarem Schmuck und Uhren sollte verzichtet werden. Bei der Nutzung teurer Smartphones in der Öffentlichkeit sollte man eine gesunde Wachsamkeit an den Tag legen und das nähere Umfeld im Auge behalten.

Beim Besuch von Stränden, Bars und Diskotheken sollte nur das Nötigste mitgenommen und auf **Wertsachen** verzichtet werden. Gerade in den größeren Städten sollten außerdem abendliche oder gar nächtliche Spaziergänge durch dunkle Gassen vermieden werden. Die meisten Situationen, in denen Reisende Opfer von Diebstählen oder Überfällen werden, haben ihren Ursprung im Drogen- und Rotlichtmilieu. Hiervon sollte man sich unbedingt fernhalten.

Für Reisende, die viel auf der Insel unterwegs sind und somit häufig ihre Unterkunft wechseln, sind ein oder zwei kleine **Reiseschlösser** empfehlenswert. Mit diesen lässt sich das Gepäck sicher verschließen, sowohl an Reisetagen unterwegs als auch in den Unterkünften. Im Alltag ist eine gut lesbare **Kopie des Reisepasses** völlig ausreichend, das Original sollte sicher in der Unterkunft verwahrt werden.

Sprache

Die Landessprache ist **Spanisch.** Wie in den meisten spanischsprachigen Ländern Lateinamerikas hat auch das Spanisch in der Dominikanischen Republik seine Eigenheiten. Es wird vergleichsweise schnell und „unsauber" gesprochen: Endungen werden häufig gar nicht oder nur undeutlich betont. Hinzu kommen ganz eigene Wörter, die entweder nur hier verwendet werden oder anderswo eine andere Bedeutung haben. Selbst mit passablen Spanischkenntnissen benötigt es ein wenig Übung, die Dominikaner zu verstehen. Allerdings wissen sie es zu schätzen, wenn sich Besucher in ihrer Landessprache versuchen. In diesem Fall sprechen sie meist besonders langsam und deutlich.

In größeren Städten und in touristischen Orten haben viele Einwohner zumindest grundlegende **Englischkenntnisse**, vor allem die jüngere Generation. **Deutsch** hingegen wird nur sehr selten gesprochen, am ehesten an der Nordküste um Puerto Plata 46, Sosúa und Cabarete 49.

In Situationen, wo jegliche verbale Kommunikation scheitert, sorgt die ausgeprägte Gastfreundschaft dafür, dass es meist gelingt, sich mit Händen und Füßen zu verständigen.

Im Anhang dieses Buches findet sich eine **Sprachhilfe** (s. S. 134), in der die wichtigsten Begriffe für den alltäglichen Gebrauch gelistet sind.

Touren

Das Angebot an Touren ist so vielfältig wie das Land selbst: **Bootstouren** bringen Sonnenhungrige auf die paradiesischen Inseln Cayo Arena 45 an der Nordküste, Cayo Levantado 57 vor der Halbinsel Samaná sowie die Isla Catalina und die Isla Saona 13 im Südosten des Landes. Oder man begibt sich per Boot an einsame **Traumstrände** wie die Playa Frontón 60, Playa Rincón 61 und Playa Ermitaño 63 – allesamt auf der Halbinsel Samaná gelegen. Ein unvergessliches Erlebnis sind ferner **Boots- und Kajakausflüge** im Nationalpark Los Haitises 58 mit seiner reichen Taíno-Geschichte (s. S. 40) und wilden Landschaft. **Geführte Wanderungen** führen an Flüssen entlang oder zu abgelegenen Stränden.

Abenteuerhungrige zieht es häufig ins Landesinnere, vor allem in die Region um Jarabacoa 32 (Details s. S. 51). Hier sind adrenalinreiche Touren im **Canyoning, Wildwasser-Rafting** und **Gleitschirmfliegen** möglich, aber auch entspannte **Reitausflüge.** Der Höhepunkt – im wahrsten Sinne des Wortes – ist die mehrtägige organisierte **Trekkingtour auf den Pico Duarte** 36, den höchsten Gipfel der Antillen. Klassiker wie **Schnorchel- und Tauchtouren** (s. S. 87) und geführte **Ausfahrten per Quad** (s. S. 92) sind jederzeit fast überall auf der Insel möglich. Relativ kurz ist hingegen die Saison für das **Whale Watching:** Von Mitte Januar bis Ende März ist die beste Zeit, um die Buckelwale in der Bucht von Samaná zu beobachten (s. S. 75).

Ausgewählte **Touranbieter** werden im ersten Teil des Buches beim jeweiligen Ort bzw. im Aktiv-Kapitel (ab S. 86) vorgestellt.

Uhrzeit

In der Dominikanischen Republik gilt die **Atlantic Standard Time (AST).** Somit liegt man im Winter fünf und im Sommer sechs Stunden hinter der Mitteleuropäischen Zeit (MEZ) zurück.

Unterkunft

Der Fokus wird in der Dominikanischen Republik seit einigen Jahren mehr und mehr auf **Individualreisende** gelegt, was zu einem vielseitigeren Angebot an Unterkünften im ganzen Land geführt hat.

Sehr einfache **Zimmer** sind in den meisten Landesteilen ab ca. 20 US$ pro Nacht zu haben, allerdings muss man in dieser Preisklasse klare Abstriche machen, was Ausstattung, Service und zum Teil sogar die Sauberkeit betrifft. Derart günstige Zimmer sollten vor der Bezahlung kurz geprüft werden, was normalerweise

085id-th

auch ermöglicht wird. Gute **Hotels** mit einer ordentlichen Ausstattung (z. B. Klimaanlage) sind vielerorts ab etwa 50–60 US$ zu finden, teilweise sogar günstiger.

In den letzten Jahren sind überall in der Region kleine **Boutiquehotels**, **Ecolodges** und **Glamping-Unterkünfte** entstanden. Die luxuriösesten Angebote liegen preislich auf dem Niveau von Fünfsternehotels, es gibt aber auch unzählige Unterkünfte mit viel Charme zu vernünftigen Preisen zwischen 80 und 150 US$ pro Nacht.

Die **Übernachtungspreise** gelten in der Regel pro Zimmer (bis 2 Pers.) und beinhalten häufig ein kleines Frühstück. Anders als bei Restaurants sind die Mehrwertsteuer und das gesetzliche Trinkgeld (s. S. 97) bei Unterkünften in der Regel im genannten Preis enthalten.

Tubagua Ecolodge (s. S. 58) – ein Pionier des Ökotourismus auf der Insel

Hostal und Cabaña

Bei diesen Bezeichnungen muss man genauer hinschauen, um nicht irgendwo unterzukommen, wo man nicht landen möchte.

Der spanische Begriff „**Hostal**" ist eigentlich die Übersetzung des englischen „**Hostel**", also eine günstige Unterkunft mit Mehrbettzimmern und Gemeinschaftsbad, vorwiegend an **Backpacker** gerichtet. Solche *hostales* sind mittlerweile in verschiedenen Teilen der Insel zu finden: Santo Domingo, Santiago 28, Cabarete 49 und in mehreren Orten auf der Halbinsel Samaná. Die meisten bieten auch private Zimmer mit eigenem Bad zu einem etwas höheren Preis an. Gleichzeitig wird der Begriff *hostal* im Spanischen aber auch für **kleine Hotels** verwendet, unter denen sogar einige besonders hochwertige Unterkünfte wie z. B. **Boutiquehotels** zu finden sind.

„**Cabañas**" sind in der Dominikanischen Republik in der Regel **Stunden-**

hotels. Um die Verwirrung komplett zu machen, heißen die meisten offiziell sogar *Cabañas Turísticas.* Allerdings wird der Begriff vereinzelt auch für **Hotels im Bungalow-Stil** verwendet (wörtlich übersetzt steht *cabaña* für Hütte). Die Stundenhotels sind leicht als solche zu erkennen: Sie stehen an Haupt- oder Durchgangsstraßen, sind von hohen Mauern umgeben und werden mit auffällig kitschigen Leuchtreklamen beworben. Urlaubsstimmung kommt dort nicht auf, daher sind sie für Reisende nicht zu empfehlen.

Verhaltenstipps

Am besten so!

- In der Karibik ticken die Uhren anders: Wenn es mal etwas länger dauert, dann am besten entspannt bleiben und **Geduld** zeigen.
- Die Löhne im Dienstleistungssektor sind niedrig. Auch wenn bereits 10 % gesetzliches **Trinkgeld** im Rechnungsbetrag enthalten sind, sollte guter und freundlicher Service mit ca. 10 % direktem Trinkgeld für das Personal belohnt werden. Ebenso freuen sich besonders hilfsbereite und freundliche Fahrer von Taxi, Uber oder Motorradtaxi über ein kleines Trinkgeld. Auch die Ranger in den Nationalparks verdienen sehr wenig und freuen sich über eine kleine Zuwendung.
- Die Dominikanerinnen und Dominikaner sind eitel. In der Stadt und abends im Restaurant oder in der Bar wird Wert auf **angemessene Kleidung** gelegt. Ärmellose Shirts, kurze Hosen und Sandalen werden fast ausschließlich am Strand getragen. Am Abend sind ein langärmeliges Hemd, lange Hosen bzw. Jeans, geschlossene Schuhe bzw. ein Kleid oder eine Bluse angesagt.

So besser nicht!

- Die Dominikanische Republik ist sehr stark katholisch geprägt, daher wird **Oben-ohne-Baden** (bei Frauen) oder gar FKK an Hotelpools und Stränden nicht gerne gesehen.
- Wie überall, wo die Schere zwischen Arm und Reich weit auseinander geht, sollte in der Öffentlichkeit auf teure **Statussymbole** (z. B. Uhren und Schmuck) verzichtet werden – auch zur eigenen Sicherheit.
- Beim Besuch von **Kirchen und Kathedralen** ist auf angemessene Kleidung zu achten (Frauen nicht schulterfrei, Männer nicht ärmellos und in kurzen Hosen). Während der **Gottesdienste** sollte aus Respekt auf eine Besichtigung verzichtet werden.

Verkehrsmittel

Das Verkehrssystem ist **gut ausgebaut** und nahezu jeder Ort ist problemlos mit öffentlichen Verkehrsmitteln zu erreichen. Wo kein Bus und keine *guagua* (Kleinbus) fährt, da kommt man mit einem Taxi oder Motorradtaxi *(motoconcho)* ans Ziel. Nähere Infos zum jeweils empfohlenen Verkehrsmittel stehen bei den Orten im ersten Teil des Buches unter „Anfahrt".

Bus, Expreso und Guagua

Die wichtigsten Städte und einige größere Ortschaften sind mit den komfortablen **Überlandbussen** von Caribe Tours und Metro Tours erreichbar. Diese haben eigene Busbahnhöfe bzw. Haltestellen, fahren nach festen Fahrplänen und meist kann man seinen Platz online reservieren. Die Busse selbst verfügen über bequeme

Sitze, Toiletten und oft kostenfreies WLAN. **Caribe Tours** ist etwas günstiger, bedient deutlich mehr Strecken und fährt auf der Hauptstrecke (Santo Domingo – Santiago 28 – Puerto Plata 46 /Sosúa [G1]) häufiger. **Metro Tours** hat modernere Busse und weniger Zwischenstopps, wodurch einige Minuten Fahrzeit eingespart werden.

Bei Fahrten mit dem Überlandbus sollte ein leichter **Pullover** griffbereit sein, denn die **Klimaanlagen** laufen meist auf Hochtouren und manch karibische Erkältung hatte ihren Ursprung an Bord eines solchen Fahrzeugs.

Auf einigen wichtigen Strecken verkehren anstelle der beiden großen Unternehmen die sogenannten **Expresos**, z. B. zwischen Santo Domingo und Santa Bárbara de Samaná 56 oder zwischen Santo Domingo und La Romana [L7] bzw. Bávaro [O6]. Hierbei handelt es sich zwar auch um große Überlandbusse, allerdings sind diese in der Regel etwas weniger komfortabel. Sie fahren ebenfalls nach festem Fahrplan und legen unterwegs nur wenige Stopps ein.

088id-th

Ferner gibt es noch die **Guaguas**. In diese Kategorie fallen verschiedene Fahrzeuge von mittelgroßen Bussen (ca. 30 Sitzplätze) über Kleinbusse (je nach Modell 15–20 Sitzplätze) bis hin zu umgebauten Pickups mit Sitzbänken auf der Ladefläche. *Guaguas* verkehren überwiegend auf kürzeren Strecken und in abgelegenen Regionen. Der Komfort beschränkt sich im besten Fall auf eine Klimaanlage, häufig werden zusätzliche Fahrgäste auch auf improvisierten Sitzen untergebracht. Auf den meisten Strecken gibt es keine festen Fahrpläne, sondern die Abfahrt erfolgt dann, wenn ausreichend Passagiere an Bord sind. Dafür halten die Fahrzeuge auf ihrer festen Route überall dort, wo ein Ein- oder Ausstieg gewünscht wird. Bezahlt wird direkt im Bus, entweder während der Fahrt oder beim Ausstieg. Hierfür sollten **kleine Scheine** mitgeführt werden (100–200 RD$), denn Wechselgeld ist oft knapp.

Die **Fahrzeiten** hängen vom Verkehr ab, aber auch davon, wie oft der Bus halten muss (Ein- und Ausstieg von Fahrgästen). Daher stehen im Buch nur ungefähre Angaben.

Eine Liste der **Abfahrtsorte in Santo Domingo** findet sich auf S. 21.

› **Caribe Tours,** Tel. 8092214422, www.caribetours.com.do
› **Metro Tours,** Tel. 8092270101, www.metroserviciosturisticos.com
› **Expreso Romana,** Tel. 8095503328, www.facebook.com/Expresoromana
› **Expreso Bávaro,** Tel. 8096829670, www.expresobavaro.com

Fahrdienstleister

Eine **beliebte Alternative zum Taxi** (s. rechts) sind Fahrdienstleister wie **Uber**, die den Vorteil haben, dass man sich sein Fahrzeug auch via App buchen kann. Außerdem kann man bargeldlos bezahlen, z. B. via PayPal. Die Autos sind häufig komfortabler als gewöhnliche Taxis, die Fahrer freundlicher und die Fahrten erheblich günstiger.

Uber ist allerdings nur in **größeren Städten** verfügbar, z. B. in Santo Domingo, Santiago, Higüey/Punta Cana und mit Einschränkungen in Puerto Plata und La Romana.

Fähre

Von Santa Bárbara de Samaná 56 nach Sabana de la Mar [K4] verkehrt eine **Personenfähre** (s. S. 77).

Minitaxi (pámpara)

Dieses kultig anmutende Gefährt, ein winzig kleines Auto, erfüllt seine Taxipflichten vor allem in **Neyba** [C6], aber auch in **Barahona** 20.

Motorradrikscha (mototaxi)

In **Santa Bárbara de Samaná** sind die *mototaxis* eine wunderbar karibische Form der Fortbewegung: bequem und mit dem Gesicht im Fahrtwind. Sie sind auch eine tolle Alternative zum regulären Taxi, wenn es z. B. mit Gepäck zu nahe gelegenen Zielen auf der Halbinsel geht. Preislich liegen sie zwischen *motoconcho* und normalem Taxi.

Motorradtaxi (motoconcho)

Motorradtaxis sind ein äußerst beliebtes Verkehrsmittel in der Dominikanischen Republik. Lediglich in den großen Städten Santo Domingo und Santiago sollten Reisende aufgrund des chaotischen und schnellen Verkehrs auf sie verzichten. Dort gibt es mit der Taxizentrale und Uber sicherere Alternativen. Überall dort, wo diese Optionen fehlen und der Verkehr etwas entspannter ist, sind *motoconchos* hingegen sehr praktisch. Die Motorradtaxis sind **günstig** (ca. 50–100 RD$ innerorts) und schlängeln sich flink durch die Straßen. Allerdings entsprechen sie in keiner Weise dem mitteleuropäischen Sicherheitsverständnis, denn als Passagier ist man stets **ohne Helm** unterwegs. Selbst die Fahrer, von Gesetzes wegen eigentlich dazu verpflichtet, nutzen diesen nur selten. Wie bei Taxis sollte auch hier der **Preis stets im Vorfeld vereinbart** werden.

Sammeltaxi (carro público)

In größeren Städten verkehren Sammeltaxis auf festen Routen. Diese sind zwar unschlagbar günstig, jedoch für Reisende **ohne gute Spanisch- und Ortskenntnisse nicht zu empfehlen.** Das Streckennetz ist sehr komplex und man muss genau wissen, wo man ein- und aussteigen kann. Es ist normal, dass sich bis zu sechs Fahrgäste in die alten Autos quetschen.

Taxi

Taxis sind in den größeren Städten und in touristisch geprägten Gebieten zu finden. **Taxameter** gibt es nicht. Es gelten entweder **Festpreise** (z. B. am Flughafen oder bei Bestellung über eine Taxizentrale) oder der Preis ist **Verhandlungssache.** Letzteres gilt insbesondere, wenn man ein Taxi an der Straße heranwinkt. Auf jeden Fall

Gemächlich schaukelt die Fähre von Samaná nach Sabana de la Mar (s. S. 77)

sollte der Preis immer **vor dem Einsteigen** festgelegt werden, damit es keine bösen Überraschungen gibt. Wie in vielen Teilen der Welt sind Taxifahrer auch hier mit allen Wassern gewaschen. Die Taxis in der Dominikanischen Republik akzeptieren nur **Barzahlung** (RD$ oder US$). Empfehlenswerte Anbieter:

› **Apolo Taxi (Santo Domingo),** Tel. 8095370000
› **Emitaxi (Santiago),** Tel. 8095813000
› **Dino Taxi (La Romana),** Tel. 8095505060

Wetter und Reisezeit

Die Dominikanische Republik ist ein **Ganzjahresreiseziel**, dennoch gibt es einige Details zu beachten. Die durchschnittlichen Höchsttemperaturen bewegen sich zwischen 27 und 33 °C. Lediglich in den Gebirgslandschaften, z. B. in Jarabacoa (32) und Constanza (37), liegen sie stets einige Grad darunter. Erst abends fallen diese langsam ab und sind nachts meist 7–10 °C tiefer als tagsüber.

Als **Hochsaison** gilt die niederschlagsarme Zeit von **Dezember bis April**, während der die Temperaturen etwas milder ausfallen und die **Luftfeuchtigkeit** sinkt. Im Jahresschnitt liegt diese zwischen 70 und 90 %. Die **Wassertemperatur** beträgt ganzjährig 25–29 °C.

Während der Sommermonate steigt die durchschnittliche Niederschlagsmenge, allerdings muss man nur sehr selten graue Regentage befürchten. Der Niederschlag fällt meist kurz und heftig aus; in der Regel ist nach 10 bis 15 Min. alles vorbei.

Die berüchtigte **Hurrikan-Saison** beginnt offiziell im Juni und endet spätestens im November. Beim Blick auf die wenigen großen Wirbelstürme, die das Land in den letzten Jahrzehnten tatsächlich trafen, stellen sich die Monate September und Oktober als die riskantesten heraus. Die Hurrikans in der Karibik werden genauestens beobachtet und bei entsprechendem Risiko die nötigen Vorkehrungen getroffen. Normalerweise trifft ein Hurrikan nur einen bestimmten Landesteil, sodass man im schlimmsten Fall in andere Regionen ausweichen kann. Präzise Vorhersagen und weitere Infos liefert die englischsprachige Website des Nationalen Hurrikan-Zentrums in Miami:

› **www.nhc.noaa.gov**

Wetter in der Dominikanischen Republik

Durchschnitt	Jan	Febr	März	Apr	Mai	Juni	Juli	Aug	Sept	Okt	Nov	Dez
Maximale Temperatur	29°	30°	29°	30°	30°	31°	31°	31°	31°	31°	30°	30°
Minimale Temperatur	19°	19°	20°	21°	22°	22°	22°	23°	22°	22°	21°	20°
Regentage	7	6	5	7	11	12	11	11	11	11	10	8
Wassertemperatur	27°	26°	26°	27°	27°	27°	28°	28°	28°	28°	27°	27°

› *Farbenfrohe Straßenkunst im beschaulichen Río San Juan (50) an der Nordküste*

ANHANG

089id-th

Kleine Sprachhilfe Spanisch

Wer seine Spanischkenntnisse vertiefen möchte, dem sei der Kauderwelsch-Sprachführer **„Spanisch für Lateinamerika – Wort für Wort“** von Vicente Celi-Kresling aus dem Reise Know-How Verlag ans Herz gelegt.

Lautschrift

c	das deutsche „K“ oder „S“
ch	„tsche“
g	das deutsche „G“ oder wie im Ach-Laut
h	wird nicht betont (bleibt stumm)
j	wie im Ach-Laut
ll	das deutsche „J“
ñ	wie „nj“ (Champignon)
q	das deutsche „K“
r	gerolltes R
v	das deutsche „B“ oder „W“
w	das englische „wh“ (Whisky)
x	das deutsche „X“ oder wie im Ach-Laut
y	das deutsche „I“ oder „J“
z	das deutsche „S“

Zahlen

0	cero (sero)
1	uno
2	dos
3	tres
4	cuatro (kwatro)
5	cinco (sinko)
6	seis (sejs)
7	siete (sjete)
8	ocho (otscho)
9	nueve (nuewe)
10	diez (djes)
11	once (onse)
12	doce (dose)
13	trece (trese)
14	catorce (katorse)
15	quince (kinse)
16	dieciseis (djesisejs)
17	diecisiete (djesisjete)
18	dieciocho (djesiotscho)
19	diecinueve (djesinuewe)
20	veinte (bejnte)
21	veintiuno (bejntiuno)
22	veintidos (bejntidos)
30	treinta (trejnta)
40	cuarenta (kwarenta)
50	cincuenta (sinkwenta)
60	sesenta
70	setenta
80	ochenta (otschenta)
90	noventa (nowenta)
100	cien (sjen)
101	ciento uno (sjento uno)
102	ciento dos (sjento dos)
120	ciento veinte (sjento bejnte)
121	ciento veintiuno (sjento bejntiuno)
122	ciento veintidos (sjento bejntidos)
200	doscientos (dossjentos)
300	trescientos (tressjentos)
400	cuatrocientos (kwatrosjentos)
500	quinientos (kinjentos)
600	seiscientos (sejssjentos)
700	setecientos (setesjentos)
800	ochocientos (otschosjentos)
900	novecientos (nowesjentos)
1000	mil
2000	dos mil

Wichtige Vokabeln

abierto	offen
cerrado	geschlossen
lunes	Montag
martes	Dienstag
miércoles	Mittwoch
jueves	Donnerstag
viernes	Freitag
sábado	Samstag
domingo	Sonntag
fin de semana/	Wochenende/
día feriado	Feiertag
teléfono	Telefon
celular	Handy
emergencia	Notfall
policía	Polizei
ambulancia	Krankenwagen
clínica/hospital	Krankenhaus
médico	Arzt

+++ Die wichtigsten Wörter mit dem Bonus-Audiotrack des Kauderwelsch-

restaurante	Restaurant	baño	Toilette
menu	Speisekarte	caballeros	Herren
(plato de) entrada	Vorspeise	damas	Damen
plato fuerte/ plato principal	Hauptspeise	austríaco/-ca	österreichisch
		Austria	Österreich
postre	Nachspeise/Dessert	suizo/suiza	schweizerisch
comida	Essen	Suiza	Schweiz
bebida	Getränk	alemán/alemana	deutsch
jugo	Saft	Alemania	Deutschland
cerveza	Bier	calle	Straße
cuenta/factura	Rechnung	bus/guagua	Bus

Die wichtigsten Floskeln und Redewendungen

si/no	/	ja/nein
gracias	grasias	danke
por favor	por fawor	bitte
Buenos días!	/	Guten Morgen!
Buenas tardes!	/	Guten Tag! (nachmittags)
Buenas noches!	buenas notsches	Guten Abend!/Gute Nacht!
Cómo estás?	komo estás	Wie geht es dir?
Bien gracias.	bjen grasias	Danke gut.
Más o menos.	/	Nicht besonders.
Hola!	olla	Hallo!
Adios!	adjos	Tschüss!
Qué pasa?	ke pasa	Was ist los?
Todo bien.	todo bjen	Alles in Ordnung.
No lo sé.	/	Ich weiß das nicht.
(No) Es correcto.	(no) es korrekto	Das ist (nicht) richtig.
Buen provecho!	buen prowetscho	Guten Appetit!
Salud!	/	Prost!
Me puedes ayudar por favor?	me puedes ajudar por fawor	Kannst du mir bitte helfen?
Perdón...!	/	Entschuldige (n Sie)...!
Necesito ayuda.	nesesito ajuda	Ich brauche Hilfe.
La cuenta por favor.	la kwenta por fawor	Die Rechnung bitte.

Die wichtigsten Fragen

Hay ...?	ay	Gibt es...?
Tiene(s)...?	tjene(s)	Haben Sie/Hast du...?
Puedo ...?	/	Darf ich...?
Estoy buscando...	estoi buskando	Ich suche...
Necesito ...	nesesito	Ich brauche...
Me puede(s) dar ... por favor?	Me puede(s) dar... por fawor?	Geben Sie mir bitte/ Gibst du mir bitte...?
Dónde consigo...?	donde konsigo	Wo bekomme ich...?
Dónde encuentro...?	donde enkwentro	Wo finde ich...?
Cuánto cuesta...?	kwanto kwesta	Wie viel kostet...?

Dónde está...?	/	Wo ist/befindet sich...?
Cómo llego a...?	komo jego a	Wie komme ich zu/nach...?
Cuál bus va a...?	kwal bus wa a	Welcher Bus fährt nach...?
Dónde está la parada?	/	Wo ist die Haltestelle?

Fragewörter

quién?	kjen	wer?
qué?	ke	was?
cómo?	komo	wie?
dónde?	/	wo?
cuándo?	kwando	wann?
por qué?	por ke	warum?
de dónde?	/	woher/von wo?
a dónde?	/	wohin?
cuánto?	kwanto	wie viel?
a qué hora?	a ke ora	um wie viel Uhr?

Richtungsangaben

a la izquierda/derecha	a la iskjerda/deretscha	nach links/rechts
derecho	deretscho	geradeaus
en frente	/	gegenüber
lejos/cerca	lechos/serka	weit/nah
cruce	kruse	Kreuzung
esquina	eskina	Ecke
aquí/allá	aki/aja	hier/dort

Zeitangaben

antes de ayer	antes de ajer	vorgestern
ayer	ajer	gestern
hoy	oy	heute
esta mañana	esta manjana	heute Morgen
esta tarde	/	heute Nachmittag
esta noche	esta notsche	heute Abend/Nacht
ahora	aora	jetzt
mañana	manjana	morgen
pasado mañana	pasado manjana	Übermorgen
siempre/nunca	sjempre/nungka	immer/nie

Register

Am Wochenende ist der Naturpool von Las Marías de Neyba ein beliebter Ort der Erfrischung (s. S. 39)

092id-th

Zugspitze, Foto: Aneta Niemitz

Impressum

Timm Humpfer

InselTrip Dominikanische Republik

1. Auflage 2024

ISBN 978-3-8317-3796-3

Printed in Germany

Druck und Bindung:
mediaprint solutions GmbH, Paderborn

Herausgeber: Ulrich Kögerler, Klaus Werner
Layout: amundo media GmbH (Umschlag, Inhalt), Peter Rump (Umschlag)
Lektorat: amundo media GmbH
Karten: Ingenieurbüro K. Wendler, amundo media GmbH
Anzeigenvertrieb: KV Kommunalverlag GmbH & Co. KG, Alte Landstraße 23, 85521 Ottobrunn, Tel. 089 928096-0, info@kommunal-verlag.de
Kontakt: Osnabrücker Str. 79, 33649 Bielefeld, info@reise-know-how.de

Alle Angaben in diesem Buch sind gewissenhaft geprüft. Preise, Öffnungszeiten usw. können sich jedoch schnell ändern. Für eventuelle Fehler übernehmen Verlag wie Autor keine Haftung.

Bildnachweis
Umschlagvorderseite, Umschlagrückseite und Umschlagklappe rechts: Timm Humpfer (der Autor)
Soweit ihre Namen nicht vollständig am Bild vermerkt sind, stehen die Kürzel an den Abbildungen für die folgenden Fotografen, Firmen und Einrichtungen: Timm Humpfer: th

Dominikanische Republik mit PC, Smartphone & Co.

QR-Code auf dem Umschlag scannen oder **www.reise-know-how.de/inseltrip/domrep24** eingeben und die **kostenlose Web-App** aufrufen (Internetverbindung zur Nutzung nötig)!

★**Anzeige der Lage und Satellitenansicht aller** beschriebenen Sehenswürdigkeiten und weiteren Orte
★**Routenführung** vom aktuellen Standort zum gewünschten Ziel
★**Exakter Verlauf** der empfohlenen Wanderungen
★**Audiotrainer** der wichtigsten Wörter und Redewendungen
★**Updates** nach Redaktionsschluss

GPS-Daten zum Download

Die GPS-Daten aller Ortsmarken und Wanderungen stehen auf der Produktseite des Titels auf www.reise-know-how.de zum Download zur Verfügung.

Inselplan für mobile Geräte

Um den Inselplan auf Smartphones und Tablets zu nutzen, empfehlen wir die App „Avenza Maps" der Firma Avenza™. Über die Funktion „Store" kann die „Islandmap Dominican Republic 2024" kostenlos geladen werden.

Die Information über und die Bereitstellung von digitalen Zusatzinhalten (z. B. Web-App, Links, GPS-Tracks o. Ä.) ist eine freiwillige Zusatzleistung des Verlages, auf die kein Anspruch besteht und für deren Richtigkeit aufgrund der Veränderlichkeit solcher Informationen auch nicht gehaftet werden kann. Insbesondere behält sich der Verlag deshalb vor, die Bereitstellung und die Zugriffsmöglichkeit zeitlich zu befristen und den Zugriff hierauf auch vorfristig abzuschalten.

Zeichenerklärung

❶ Hauptsehenswürdigkeit

- Bergwerk
- Burg, Festung
- Busstation
- Flughafen
- Hafen
- Höhle, Grotte
- Kirche
- Leuchtturm
- Nationalparkgrenze
- Parkhaus
- ★ Sehenswürdigkeit
- ● Sonstiges
- Strand
- Surfspot
- Tauchspot

- Museen, historische Gebäude
- Unterkünfte
- Essen und Trinken
- Einkaufen, Sonstiges
- Nachtleben

★★★ nicht verpassen
★★ besonders sehenswert
★ wichtig für speziell interessierte Besucher